Baeijaert / Stellamans · Resilienz

W0045173

Liselotte Baeijaert und
Anton Stellamans

Resilienz: Ein Werkstattbuch zur Widerstandskraft

Übersetzung: Jutta Bleuel und Kirsten Dierolf

Solutions
Academy

Wir haben alle Inhaber von Urheberrechten von Inhalten dieses Buches nach bestem Wissen ausfindig gemacht und um Erlaubnis gebeten, ihre Werke zu verwenden. Falls wir etwas übersehen haben, nehmen Sie bitte mit dem Verlag Kontakt auf.

Bibliografische Information der Deutschen Nationalbibliothek
Diese Publikation ist in der Deutschen Nationalbibliographie verzeichnet. Genauere Informationen finden Sie unter http://dnb.d-nb.de

Mai 2013
© 2013 SolutionsAcademy Verlag
Originaltitel: Baeijaert, L. & Stellamans, A. (2011). Resilient People, Resilient Teams. Ilfaro
Satz und Layout: Buch&media GmbH, München
Umschlaggestaltung: Kay Fretwurst, Freienbrink
Herstellung: Books on Demand, Norderstedt
Printed in Germany
ISBN 978-3-944293-01-1

Inhalt

Vorwort von Dr. Luc Isebaert 9

Vorwort von Kirsten Dierolf 12

Einleitung 15

Resilienz als menschliches Talent 15

Zweck und Struktur dieses Buches 17

Lösungsfokussierter Ansatz 20

Danke 22

Teil 1: Persönliche Resilienz 23

Einleitung 23

1.   Akzeptieren Sie, was geschieht oder geschehen ist 25

   1.   Akzeptieren Sie das Leben so, wie es ist 26

   2.   Bringen Sie die Dinge ins richtige Verhältnis 29

   3.   Akzeptieren Sie das Unglück 30

   4.   Üben Sie sich in Achtsamkeit 31

   5.   Bleiben Sie sich treu 33

   6.   Begrüßen Sie Ihre Emotionen 35

2.   Rücken Sie die Dinge ins rechte Licht 37

   1.   Schreiben Sie einen Brief aus der Zukunft an sich selbst 38

   2.   Verwandeln Sie Ihr Problem in ein Ziel 39

   3.   Denken Sie resilient 40

   4.   Stellen Sie Gedanken in Frage, die Sie Kraft kosten 42

   5.   Bringen Sie Ihr Leben ins Gleichgewicht 43

   6.   Konzentrieren Sie sich auf den Fortschritt 47

   7.   Stellen Sie sich drei Fragen des Glücks 49

3. Schätzen Sie und erkennen Sie das an, was für Sie gut funktioniert . 50

   1. Seien Sie sich selbst Ihr bester Freund 51

   2. Beschließen Sie, sich gut zu fühlen 52

   3. Genießen Sie Ihre Talente 54

   4. Machen Sie das, was Ihnen guttut 55

   5. Sprechen Sie freundlich mit sich selbst 57

4. Gehen Sie einen ersten Schritt 60

   1. Vereinfachen Sie Ihr Leben 61

   2. Vereinbaren Sie einen Aufräumtag 63

   3. Schaffen Sie sich eine angenehme Arbeitsumgebung 64

   4. Genießen Sie die Natur 65

   5. Selbstcoaching: Entwickeln Sie gute Alltagsgewohnheiten . . . 67

   6. Bewegen Sie Ihren Körper, dehnen Sie Ihren Geist 68

   7. Entschleunigen Sie 70

   8. Notfallkoffer 71

Teil 2: Resiliente Teams **75**

Einleitung 75

1. Seien Sie hundertprozentig präsent und verbinden Sie sich
mit dem Team 80

   1. Ihr Team als Schwarm 81

   2. Ersetzen Sie »Ja, aber« durch »Ja, und« 83

   3. Was andere von Ihnen wissen sollten 85

   4. Ihre Rolle und Position im Team 86

2. Praktizieren Sie »Solution-Talk« 89

   1. Schmuggeln Sie Resilienz in Ihr Team 94

   2. Der lösungsfokussierte C.O.M.P.A.S.S. 96

3. Strategische Teamsitzungen 97

4. Team-O.A.S.I.S. 99

3. Wertschätzung für sich selbst und andere 103

   1. Bestärkende Gespräche 104

   2. Ressourcentratsch 106

   3. Reframing von Schwächen 108

   4. Feiern 110

   5. Wahrnehmen und anerkennen 112

4. Gehen Sie einen kleinen Schritt 115

   1. Eine resilientes Umfeld 117

   2. Bauen Sie Kooperation auf 119

   3. Üben Sie positive Kritik 120

   4. Nehmen Sie Kritik mit Würde an 122

   5. Bieten Sie Ihre Hilfe an, wenn jemand einen Fehler macht 123

   6. Das Durchstarten-und-Siegen-Syndrom 124

   7. Konfliktmediation 126

   8. Nutzen Sie Ihren Humor 128

   9. Holen Sie das Beste aus Ihrem Team heraus 130

   10. Motivierende Zitate 131

Index 135

Literaturhinweise 136

Über die Autoren 138

Stimmen zum Buch 139

Vorwort von Dr. Luc Isebaert

»Resilienz« – ein wunderbares Wort! Denken Sie nur an die sanfte, aber hartnäckige Kraft eines Schilfrohres, das vom Wind niedergedrückt wird und sich immer und immer wieder aufrichtet. Ein Sturm kann riesige Eichen und mächtige Buchen entwurzeln und zerstören, ein Schilfrohr hingegen richtet sich nach dem Sturm wieder auf, als sei nichts gewesen.

Einem Mitarbeiter, der resilient ist, kann gekündigt werden, vielleicht gerät sein Unternehmen an den Rand des Ruins. Dennoch ist er weder entwurzelt noch erschlagen. Er liegt nicht zerstört am Boden. Er lernt aus seinen Misserfolgen und steht wieder auf. Er wird die neuen Chancen am Schopfe packen und wieder auf seinen Weg finden.

Liselotte Baeijaert und Anton Stellamans haben eine Gebrauchsanweisung für ein resilientes Leben geschrieben, und es ist ihnen wirklich gelungen. Obwohl ihre Ausführungen wissenschaftliche und philosophische Gültigkeit besitzen, ist ihr Buch alles andere als trocken. »Resilienz: Ein Werkstattbuch zur Widerstandkraft« ist ein Buch mit einer Vielzahl an praktischen Empfehlungen, Ratschlägen und Übungen. Man kann sich vorstellen, dass der Leser irgendwann überfordert ist: »Wenn ich das alles praktizieren soll, reicht ein Leben nicht aus.« Das ist natürlich nicht das Ziel der Autoren. Sie laden Sie als Leser ein, sich das auszusuchen, was für Sie oder für Ihre Situation am nützlichsten ist. Sollten Sie feststellen, dass eine Empfehlung, ein Ratschlag oder eine Übung für Sie nicht funktioniert, verzagen Sie nicht, Sie haben umgehend fünf oder zehn andere Ratschläge zur Auswahl.

Während der letzten zwanzig Jahre wurden viele Untersuchungen zur Effizienz psychologischer Interventionen durchgeführt. Diese Untersuchungen haben gezeigt, dass Methoden, die das lösungsfokussierte Modell verwenden, die besten Ergebnisse brachten, gerade weil sie auf eine wachsende Resilienz von Personen und Teams abzielen.

Churchill hat einmal gesagt: »Das Leben ist eine verdammte Situation nach der anderen.« Sie lösen ein Problem, und schon wartet das nächste Problem darauf, gelöst zu werden. Die resiliente Version diese Zitats ist:

»Das Leben ist eine Herausforderung nach der anderen.« Das neutralisiert düstere Assoziationen. Wenn Sie an diese Herausforderungen in einer resilienten Weise herangehen, so, wie das Buch es Ihnen beibringt, werden Sie schnell sehen, dass Sie sogar sagen könnten: »Das Leben ist eine Chance nach der anderen.« Und nachdem wir all diese Herausforderungen resilient angegangen sind und sie als Chancen gesehen haben, könnten wir schließlich sagen: »Das Leben ist eine Befriedigung nach der anderen.«

Dennoch, manchmal ist das Leben auch »dasselbe Problem, immer wieder und wieder«. Was auch immer wir versuchen, die Dinge gehen nicht voran. Wir können uns auf den Kopf stellen. »Resilienz: Ein Werkstattbuch zur Widerstandkraft« bietet Ihnen auch in dieser Situation Hilfestellungen. Das Schilfrohr beugt sich nicht nur dem Wind, sondern auch dem Wasser. Anscheinend hat das Schilfrohr einfach die Existenz der Strömung akzeptiert.

Ich möchte Ihnen gerne eine Geschichte erzählen, die ich von Heather Fiske und Yvonne Dolan kenne:

> *Ein junger kanadischer Ureinwohner erzählt seinem Großvater über seine große Hoffnungslosigkeit. Er hat nichts im Leben: keinen Beruf, keine Fähigkeiten für einen Job, und das Mädchen, das er liebt, hat ihn gerade verlassen. Die Hälfte der Jungs, die mit ihm aufgewachsen sind, hat Selbstmord begangen, und die andere Hälfte ist genauso hoffnungslos wie er. Die meiste Zeit hängen sie zusammen herum und betrinken sich. Er auch – was soll er auch sonst tun?*
>
> *Sein Großvater hört aufmerksam zu und denkt nach. Dann sagt er: »Hoffnungslosigkeit ist wie ein Wolf. Der Wolf ist sehr kraftvoll. Er wird dich umbringen und deine Seele fressen. Aber Zuversicht ist ebenfalls ein Wolf. Dieser Wolf ist genauso kraftvoll, und er kann mit dir zusammen den Wolf der Hoffnungslosigkeit bekämpfen.«*
>
> *Der alte Mann schweigt. Sein Enkel ist empört: »Aber Großvater! Sag mir … Welcher Wolf wird den Kampf gewinnen?« Der Großvater antwortet: »Der Wolf, den du fütterst.«*

Diejenigen, die dieses Buch lesen, werden herausfinden, wie man den Wolf der Zuversicht füttert.

Untersuchungen (der belgischen Verbraucherorganisation Test-Anakoop) haben gezeigt, dass die Hälfte der belgischen Angestellten an Stress leiden, weil ihnen ihre Vorgesetzten zu wenig Anerkennung für ihre Arbeit zollen. Dreißig Prozent haben zu wenig Zeit für ihre eigentlichen Aufgaben, und genauso viele Angestellte beklagen sich darüber, Aufgaben lediglich abzuarbeiten, anstatt eigenständig zu denken und Entscheidungen zu fällen. Ist das Arbeitsklima schlecht, sinken die Leistung und die Qualität der Arbeit. Es droht ein Burnout. Physische und psychische Erschöpfung gipfeln in Fehlzeiten. Belgische Angestellte blieben im Jahr 2008 auf Grund von Stress an neun Millionen Tagen der Arbeit fern.

Aber es gibt Unterschiede. Liselotte Baeijaert und Anton Stellamans zeigen auf, wie man wirkungsvoll Anerkennung geben kann, wie die Ressourcen eines Teams konzentriert werden können, und wie Stress benutzt werden kann, um ihn in positive Energie zu verwandeln. Man wünscht sich, dass das Buch zu einem Standardwerk in jedem Unternehmen wird: die Gesundheit der Angestellten, ihr Seelenfrieden und die Effektivität und Wettbewerbsfähigkeit des Unternehmens könnten nur daraus gewinnen.

Dr. Luc Isebaert

Vorwort von Kirsten Dierolf

Haben Sie sich jemals gefragt, warum manche Menschen beim Zusammentreffen mit der »Unbill des Lebens« anscheinend schneller wieder auf die Beine kommen als andere, die eine längere Zeit brauchen, um sich zu regenerieren und die unglücklich sind – manchmal gerade über ihre Unzufriedenheit? Man kann dies verschiedenen Gründen zuschreiben, aber es steht fest, dass die meisten von uns lieber zur ersten als zur zweiten Gruppe gehören würden.

Anton Stellamans und Liselotte Baeijaert sprechen über »Resilienz«, die Fähigkeit, in unglücklichen Situationen wieder auf die Beine zu kommen, und geben uns einige Ideen und Vorschläge, wie wir unsere eigene Widerstandskraft und die unserer Teams und Organisationen stärken können. Das Buch enthält solch eine Fülle praktischer (mentaler) Übungen und Ideen, die den Lesern helfen, mit den Höhen und Tiefen des persönlichen Lebens und des Lebens in Teams und Organisationen umzugehen, dass es allerhöchste Zeit war, dieses Buch auch auf Deutsch zu veröffentlichen.

»Resilienz: Ein Werkstattbuch zur Widerstandskraft« vereint alle Vorzüge beider Autoren: ihre geistige Neugierde und ihre Verständnistiefe, ihre emotionale Intelligenz und ihre aufrichtige Fürsorge für ihre Mitmenschen, ihre Gabe, Geschichten zu erzählen, und ihre Fähigkeit, das Geschriebene zu strukturieren. Beide Autoren haben langjährige Erfahrungen als Coaches, Trainer und Unternehmensberater, und man spürt, dass sie wirklich wissen, wovon sie reden, wenn sie über die Belastbarkeit in Teams und Organisationen sprechen.

Im ersten Teil des Buches sprechen Anton Stellamans und Liselotte Baeijaert über »persönliche Resilienz« und darüber, wie wir uns selbst stärken können: Selbstakzeptanz, Achtsamkeit gegenüber uns selbst, dem Leben Sinn geben, uns mit dem verbinden, was funktioniert und uns stärkt, und letztendlich handeln (und nicht grübeln). Schon diese Struktur erscheint wie ein »Mini-Selbstcoaching« in Zeiten der Not. Anstatt zu fragen »Warum trifft es IMMER mich? Kann ich NIEMALS glücklich sein?« gibt es sehr viel hilfreichere Überlegungen, z. B.: »Was kann ich gerade jetzt tun, um gut für mich zu sorgen? Was in dem ganzen Schlamassel funktioniert noch? Kann ich der Situation etwas Gutes abgewinnen? (Vielleicht kann ich etwas lernen? Daran wachsen?) Was kann ich tun, um einen ersten kleinen Schritt aus der Situation heraus zu machen?«

Meine erste eigene Erfahrung mit dem Denkansatz in einem resilienzorientierten Weg war eine wirklich lustige Situation: Nach einer richtig guten Party wurde ich mitten in der Nacht wach und hatte den Anflug eines winzig kleinen Katers. Leider hatte ich keine Aspirin, und ich dachte:»Warum bloß hast du das letzte Glas Wein getrunken? Kannst du nicht aufhören, wenn du genug hast? Usw. usw. usw.« Wohlgemerkt, ich feiere nicht so oft, aber meine Selbstkritik hielt mich im gleichen Maße vom Schlafen ab, wie meine Kopfschmerzen wuchsen. Ich sah das Buch neben meinem Bett »Resilient People, Resilient Teams« und machte eine geistige Kehrtwende: »Hm – vermutlich sollte ich mal aufstehen und etwas Wasser trinken! Und vielleicht hat die Hotelrezeption Aspirin für mich. Nächstes Mal werde ich Wasser trinken, bevor ich zu Bett gehe, anstelle der letzten zwei Gläser Alkohol.« Anstatt über meine eigene Dummheit weiter zu grübeln, zog ich mich an, bekam Aspirin, schlief wie ein Murmeltier und wachte erholt und fröhlich auf. Selbstverständlich ist dieses Buch in sehr viel ernsthafteren Umständen und in weniger lustigen Situationen anwendbar – aber es hat eben auch so funktioniert.

Der zweite Teil handelt von Resilienz in Teams. Als ich die Beschreibung eines »resilienten Teams« las, wollte ich sofort dort arbeiten. Die Charakteristika eines »resilienten Teams« bilden nach Meinung von Anton Stellamans und Liselotte Baeijaert ein Umfeld, in dem Mitarbeiter ihre volle Leistungsfähigkeit zeigen können: Man spricht darüber, was gut funktioniert und was Mitarbeiter gut gemacht haben. Fehler dürfen passieren und man kümmert sich darum. Mitarbeiter unterstützen einander in ihrer persönlichen und beruflichen Entwicklung. In seinem Buch »Drive« spricht Dan Pink darüber, was Menschen motiviert: Meisterschaft, Unabhängigkeit und Ziele. Die Übungen und Aktivitäten in »Resilienz: Ein Werkstattbuch zur Widerstandskraft« ermöglichen es jedem Team, diese Faktoren in jedem einzelnen Mitglied zu nähren. Ich hoffe, dass viele Organisationen die Praktiken übernehmen, die hier beschrieben werden: Die Welt würde sicherlich eine bessere werden.

Teamleiter, Teammitglieder, Geschäftsleute jeglicher Art, einfach jedermann kann vom Lesen dieses Buches profitieren. Ich schätze besonders, dass die Ideen und Übungen nicht in einem aufdringlichen Zehn-Stufen-Programm: »Kaufen Sie dieses Buch und folgen Sie den Anweisungen – steigern Sie Ihre Belastbarkeit – bei Nichtgefallen Geld-zurück-Garantie«, sondern eher wie in einem freundlichen japanischen Schuhgeschäft angeboten werden. Sie gehen durch das Geschäft, schauen sich die Schuhe an, das Verkaufspersonal begleitet Sie auf freundliche, zurückhaltende Art und Weise. Wenn Sie einen Schuh finden, der Ihnen gefällt, probieren Sie ihn an, spazieren ein wenig umher und prüfen, ob er Ihnen passt. Ich wünsche allen Lesern viel Spaß beim An- und Ausprobieren neuer Schuhe für alle Lebenslagen.

Kirsten Dierolf

Einleitung

Resilienz als menschliches Talent

»Resilienz« bedeutet nach Duden »psychische Widerstandskraft; die Fähigkeit, schwierige Lebenssituationen ohne anhaltende Beeinträchtigung zu überstehen«. Menschen haben die außerordentliche Gabe, in extremen Situationen resilient zu sein. Wir handeln mit erstaunlichem Mut angesichts großer Tragödien. Gewöhnliche Menschen werden plötzlich zu Helden. Sie schaffen es, mit lebensbedrohlichen Ereignissen fertigzuwerden, und finden neue Wege und Ziele, ihr Leben auf gute Art weiterzuführen. Resilienz ist eher eine gewöhnliche als eine ungewöhnliche Eigenschaft beim Menschen. Es ist der Lebenswille, der uns wieder auf die Beine kommen lässt, nachdem wir eine Krise durch- oder überstanden haben.

Dieses Buch handelt von Resilienz in der Arbeitswelt. Wie können wir einer Arbeitswelt standhalten, die uns mit gewaltigen Veränderungen, Herausforderungen, Druck und Stress konfrontiert? Wie können wir mit Komplexität, Vielfalt und Konflikten umgehen? Neben persönlichem Stress und Herausforderungen in unserem Privatleben müssen wir uns mit einem wachsenden Arbeitspensum, schwierigen Kunden, Kollegen oder Vorgesetzten, Zielvereinbarungen, Umstrukturierungen, Arbeitslosigkeit, dem Verkehrsstau auf dem Weg zur Arbeit usw. auseinandersetzen. Viele Begebenheiten bei der Arbeit können wir nicht beeinflussen. Wir können uns unsere Kollegen nicht immer aussuchen, dennoch müssen wir mit ihnen kooperieren. Wir sind nicht immer mit neuen Arbeitsprozessen zufrieden, dennoch müssen wir mit ihnen umgehen.

Resilienz ist nicht nur die Fähigkeit, mit

Resilienz ist nicht nur die Fähigkeit, mit Schwierigkeiten, Herausforderungen und Veränderungen umzugehen, sondern auch die Kunst, mit unseren inneren Quellen des Glücks und der Inspiration, mit unseren Talenten und Zukunftsvisionen und allem, was unserem Leben die tägliche Würze gibt, in Kontakt zu treten.

Schwierigkeiten, Herausforderungen und Veränderungen umzugehen, sondern auch die Kunst, mit unseren inneren Quellen des Glücks und der Inspiration, mit unseren Talenten und Zukunftsvisionen und allem, was unserem Leben die tägliche Würze gibt, in Kontakt zu treten. Es ist die Flexibilität, sich Veränderungen geschmeidig anzupassen, den Moment zu genießen und mit Optimismus auf alles zu antworten, was im Leben geschieht, und banale Störungen nüchtern zu betrachten. Menschen lernen, mit Schwierigkeiten umzugehen, sogar mit den besonders schrecklichen. Genau das bereitet sie auf die Ungewissheit des Lebens und seine Komplexität besser vor und macht sie anpassungsfähig. Durch Erfahrungen werden Menschen sanftmütiger und weiser.

Zweck und Struktur dieses Buches

Resilienz ist ein Schlüsselkonzept geworden, nicht nur für das Individuum, sondern auch für Organisationen, Gemeinschaften und die gesamte Bevölkerung. Es hat sich zu einem völlig neuen Studienfeld entwickelt. Dieses Buch beginnt mit den ersten Schritten: Steigerung unserer eigenen Resilienz und der unserer Teams und Organisationen. Wir möchten Menschen aller Berufsgruppen und in allen Lebenslagen inspirieren. Wir präsentieren praktische Hilfsmittel und zeigen, wie man leichter mit anspruchsvollen Situationen umgehen kann, wie man aus Erfolgen Stärke ziehen kann und Unglück in Chancen verwandelt.

Resilienz ist nichts Ungewöhnliches. Jeder kann Resilienz zeigen, und Menschen handeln besonders resilient, wenn das Schicksal zuschlägt.

Unsere Erfahrungen als Coaches und Therapeuten haben es uns ermöglicht, Erkenntnisse zu sammeln, und wir haben auch in unseren persönlichen Leben die Stärke von Menschen in Not und Krankheit beobachtet. Diese Erfahrungen haben uns dazu gebracht, dieses Buch zu schreiben. Resilienz ist nichts Ungewöhnliches. Jeder kann Resilienz zeigen, und Menschen handeln besonders resilient, wenn das Schicksal zuschlägt. Das soll nicht heißen, dass wir nur auf das Unglück zu warten haben und dann hoffen können, gewappnet zu sein. Wir können nur dann jeden Tag Resilienz anwenden und üben, wenn wir ein besseres Verständnis dafür haben, was resiliente Menschen tun.

Resiliente Menschen zeigen folgende gemeinsame Merkmale:

1. Sie akzeptieren Situationen, die außerhalb ihrer Kontrolle liegen. Sie haben sich mit der Tatsache abgefunden, dass Menschen, auch sie selbst, sich irren und Fehler machen (was nicht heißen soll, dass sie dies gutheißen). Aber sie kämpfen nicht gegen das Unveränderbare, und sie vergeuden keine Energie damit, unglücklich oder verärgert zu sein, wenn sie Menschen oder Situation sowieso nicht ändern können

2. Sie sind dazu fähig, Sinn und Bedeutung in Glück bringenden genauso wie in schwierigen Situationen zu sehen, und sie können eine Lebensgeschichte entwerfen, die ihnen und ihren Lieben hilft, auch mit Schicksalsschlägen fertig zu werden und vorwärtszukommen. Sie lernen aus der Not und konzentrieren sich auf die (bessere) Zukunft. Ihre Verwundbarkeit bringt ihnen häufig neuen Schwung und Leidenschaft.

3. Sie sind achtsam mit sich und anderen, sie schätzen und lieben ihre Mitmenschen, sie tun Dinge, die gut für sie sind, sie erkennen sie an und respektieren sie. Sie zapfen ihre eigene Quelle der Lebenslust an oder das, was auch immer Hoffnung und Freude bringt.

4. Sie können handeln, sich bewusst zu einer Lösung hinwenden, und sie können das Blatt wenden.

Wir haben unser Buch anhand dieser vier Hauptpunkte strukturiert. Es ist kein Roman, und Sie brauchen es nicht zwingend chronologisch zu lesen. Jede Empfehlung kann für sich alleine stehen. Wir möchten Sie ermuntern, die praktischen Vorschläge zu übernehmen, die für Sie hilfreich sind, und wir sind gespannt, wie sich die kleinen Dinge in Ihrem Leben verändern und wie alles in Bewegung kommt und sich entwickelt.

Teil eins handelt von der persönlichen Resilienz. Darunter versteht man die Fähigkeit, der Realität so gegenüberzustehen, wie sie ist, sich selbst und die eigenen Gefühle eingeschlossen (1. Akzeptieren Sie, was geschieht oder geschehen ist). Dies wird möglich durch die Suche nach dem kraftvollen inneren Dialog und beim Ausrichten auf die Zukunft (2. Rücken Sie die Dinge ins rechte Licht), durch das Anerkennen dessen, was schon gut funktioniert, der Wertschätzung eigener Stärken und Erfolge (3. Schätzen Sie und erkennen Sie das an, was für Sie gut funktioniert) und durch das Gehen erster kleiner Schritte (4. Gehen Sie einen ersten Schritt). Sie werden inspirierende Gedanken, Tipps und Übungen finden, mit denen Sie Ihre Resilienz stärken können.

Teil zwei handelt von der Resilienz von Teams. Wir alle sind Teil eines großen Universums, und wir sind, wer wir sind, aufgrund unserer Beziehungen zu anderen. Unsere Aktionen untereinander sind stets miteinander verflochten, formen die Haltung eines jeden einzelnen Teammitgliedes und formen die Elastizität des Teams. Mitglieder eines resilienten Teams reichen sich die Hände, ermuntern, erkennen an und helfen anderen Teammitgliedern. Sie erkennen an, was bereits gut funktioniert, und suchen nach Lösungen anstatt nach Schwächen und Fehlern, die nur dazu führen, dass man einander Vorwürfe macht. In diesem Teil unseres Buches werfen wir einen Blick auf neue Wege der Kooperation und darauf, wie Sie resilientes Verhalten anderer unterstützen können. Wir erforschen, wie man Sprache am besten verwendet, um Teamarbeit zu verbessern, um Ziele zu erreichen und um stürmische Zeiten zu überstehen. Sie erkennen sicher unsere vier Überschriften wieder: 1. Akzeptanz, 2. Bedeutung, 3. Wertschätzung und 4. Handeln.

Lösungsfokussierter Ansatz

Wir nutzen den lösungsfokussierten Ansatz (Solutions Focus = SF) seit vielen Jahren und konnten häufig feststellen, wie Menschen kreativer, verantwortungsbewusster, optimistischer und hoffnungsvoller wurden. Folglich beruht unsere Inspiration für dieses Buch zu einem großen Teil auf den Prinzipien dieses Ansatzes. Dennoch, abgesehen von einem kurzen Abriss in den folgenden Abschnitten, haben wir uns ganz bewusst gegen die Diskussion des theoretischen Rahmens entschieden. Wenn Sie nähere Informationen dazu haben möchten, empfehlen wir Ihnen unsere Website: www. ilfaro.be, die anderen Werke aus dem SolutionsAcademy Verlag sowie den Anhang dieses Buches.

Der lösungsfokussierte Ansatz hat seine Wurzeln in der Therapie und wurde in den 1980er-Jahren von Steve de Shazer, Insoo Kim Berg und anderen entwickelt. Im Gegensatz zur traditionellen Therapie konzentrieren sich lösungsfokussierte Therapeuten nicht auf die Analyse des Problems. Sie versuchen weder, das Problem zu erklären oder zu analysieren, noch schlagen sie dem Klienten Hilfen oder Verhaltensmuster vor. Stattdessen führen sie mit dem Klienten ein lösungsfokussiertes Gespräch in der festen Überzeugung, dass der Klient selbst Antworten auf sein Problem findet. So sind sie davon überzeugt, dass der Klient seine eigenen besonderen Talente, Wissen und Erfahrungen nutzen wird, um das zu tun, was das Beste für ihn ist. Kurz gesagt, der Klient ist dazu aufgefordert, seine eigene, einzigartige Resilienz zu erforschen und zu nutzen. Der Schwerpunkt des Gesprächs liegt auf dem Klienten und auf seinen »Lösungen« (das heißt auf dem, was sich der Klient anstelle des Problems wünscht auf den Augenblicken, die sich schon ein bisschen wie die Lösung des Problems anfühlen (eher als auf den Augenblicken, in denen das Problem drückt), auf den Talenten, die der Klient nutzen kann, um die Lösung zu verwirklichen

> *Im Gegensatz zur traditionellen Therapie konzentrieren sich lösungsfokussierte Therapeuten nicht auf die Analyse des Problems. Der Schwerpunkt des Gesprächs liegt auf dem Klienten und auf seinen »Lösungen«.*

(eher als auf seinen Schwächen) und auf den kleinen Schritten, die zum Ziel führen (eher als auf radikalen Lösungen).

Der lösungsfokussierte Ansatz vereint Einfachheit und Respekt mit einem wirklich bemerkenswerten Grad an Erfolg. Aus diesem Grund hat das Modell schnell auch in anderen Zusammenhängen Anwendung gefunden, in denen Menschen mit Veränderungen konfrontiert werden: Management, Coaching, Teamaufbau, Erziehung, Mediation, Community Building und Konfliktmanagement. Heutzutage wächst die Gruppe der lösungsfokussierten Coaches ständig und expandiert auch international. Sie alle sind von Steve de Shazer und Insoo Kim Berg inspiriert.

Danke

Wir danken mit diesem Handbuch für die Unterstützung und Hilfe unserer Kollegen, Klienten und Familien. Wir wurden durch die Literatur, die Geschichten unserer Kunden und die Menschen in unserem unmittelbaren Leben, die alle mit Veränderungen und mit den Herausforderungen von Resilienzen umgehen müssen, angeregt.

Ausdrücklich danken möchten wir Dr. Luc Isebaert und Louis Cauffman, Dr. Ben Furman, Peter Szabo, Mark McKergow und Jenny Clarke: Sie haben uns zu der kraftvollen Methode des lösungsfokussierten Ansatzes gebracht. Wir danken allen Mitgliedern des SOLworld-Netzwerkes, allen Referenten auf den SOLworld-Konferenzen, allen Autoren und Praktikern des SF-Ansatzes: Sie inspirieren uns tagtäglich und ermutigen uns ständig, unsere Erkenntnisse in diesem wirkungsvollen Ansatz zu entwickeln und zu vertiefen. Besonders danken wir Kirsten Dierolf für ihre Initiative, dieses Buch dem deutschen Publikum zugänglich zu machen, und ihr und Jutta Bleuel für die sorgfältige Übersetzung des Buches. Roswitha Menke danken wir für das einfühlsame Lektorat.

Wir danken auch unseren Kollegen Nicole Fabry, Annie Bordeleau, Peter Musschoot und Hannes Couvreur, Lore Nachtergaele, Sue Lickorish, Petra Müller-Demary und Erwin Herremans für ihre Unterstützung und unschätzbaren Ratschläge. Großen Dank schulden wir unseren Partnern, die den ganzen Entstehungsprozess dieses Buches unterstützt haben.

Dieses Buch ist unseren Kindern gewidmet, weil wir hoffen, dass sie in einer immer resilienteren Welt aufwachsen.

Anton Stellamans und Liselotte Baeijaert

Teil 1: Persönliche Resilienz

Einleitung

Wir alle kennen jemanden, der plötzlich schwer erkrankt oder einen Angehörigen verliert und dem es dennoch gelingt, das Schicksal als einen Teil seines Lebens anzunehmen. Häufig ist es unfassbar, wie es derjenige schafft, diese Schwierigkeiten zu bewältigen und wie er trotz allem die Hoffnung behält. Anscheinend versetzt ihn dieses unerwartete Ereignis in die Lage, seine eigene Resilienz zu entwickeln.

In diesen Situationen haben wir uns gefragt, ob auch wir fähig wären, mit vergleichbaren Widrigkeiten zurechtzukommen. Könnten wir uns wappnen und uns im Umgang mit Schwierigkeiten verbessern? Ist es möglich, unsere Resilienz zu trainieren? Wir sind davon überzeugt, dass es möglich ist, sich diesbezüglich zu verbessern, sogar dann, wenn man kein Naturtalent darin ist, das Leben philosophisch zu betrachten. Wenn wir uns die Reaktion resilienter Menschen genauer anschauen, können wir von ihren Überlebensstrategien lernen und profitieren. Wir können lernen, diese Fähigkeiten in weniger herausfordernderen Umständen zu nutzen. Tatsache ist sogar, dass uns die kleinen, tagtäglichen Ärgernisse gutes Trainingsmaterial zur Stärkung unserer Resilienz bieten. Zweifelsohne wird uns das helfen, ein glücklicheres Umfeld und glücklichere Gemeinschaften aufzubauen.

Wenn wir uns die Reaktion resilienter Menschen genauer anschauen, können wir von ihren Überlebensstrategien lernen und profitieren.

In diesem Kapitel erarbeiten wir einige Tipps und Empfehlungen, von denen unsere mentale und physische Belastbarkeit profitieren. Wir werden Techniken kennenlernen, um unsere Gefühle zu kontrollieren, unsere Fähigkeit zum Querdenken zu verbessern und unsere Toleranz zu stärken. Wir werden lernen, optimistisch und lösungsfokussiert zu denken. Die Tipps beziehen sich auf die folgenden vier Verhaltensweisen:

1. Akzeptieren Sie, was geschieht oder geschehen ist.
2. Geben Sie den Geschehnissen Sinn und Bedeutung.
3. Schätzen und erkennen Sie an, was gut funktioniert.
4. Machen Sie einen ersten Schritt.

1. Akzeptieren Sie, was geschieht oder geschehen ist

Eine Geschichte aus dem Tao erzählt von einem Mann, der plötzlich in einen Fluss fiel und schnell auf einen hohen und gefährlichen Wasserfall zutrieb. Die Zuschauer am Ufer fürchteten um sein Leben. Wie durch ein Wunder kam er lebend und unverletzt am Fuße des Wasserfalls aus dem Fluss heraus. Die Menschen fragten ihn, wie er es geschafft hatte zu überleben. »Ich habe mich dem Wasser angepasst und nicht das Wasser an mich. Ohne darüber nachzudenken habe ich zugelassen, dass das Wasser mich umschloss. Ich tauchte mit dem Strudel ein und ich kam mit dem Strudel heraus. So habe ich überlebt.«

Die Welt, so wie wir sie wahrnehmen, ist die einzig denkbare Welt. Vielleicht würden wir uns wünschen, dass es anders wäre oder dass wir die Uhr zurückdrehen und unsere Pläne ändern könnten, aber die Realität holt uns wieder ein. Der erste Schritt zur Erhöhung unserer Resilienz ist, die Situation zu akzeptieren, so wie sie ist, mit allen Vor- und Nachteilen. Dinge nicht akzeptieren zu wollen, ist wie gegen den Strom zu schwimmen: Wir erschöpfen. Jedes Mal, wenn Sie in einem Strudel gefangen sind, ist es besser unterzutauchen und dem Strudel zu folgen. Ebenso erschöpfend ist es, gegen ein Problem anzukämpfen. Wenn der Kampf schon nicht gewonnen werden kann, warum begrüßen wir radikale Veränderungen nicht, warum nehmen wir unseren Verlust, unsere Fehler und Grenzen nicht bereitwillig an?

Der erste Schritt zur Erhöhung unserer Resilienz ist, die Situation zu akzeptieren, so wie sie ist, mit allen Vor- und Nachteilen.

1. Akzeptieren Sie das Leben so, wie es ist.
2. Rücken Sie die Dinge ins rechte Licht.
3. Akzeptieren Sie das Unglück.
4. Üben Sie sich in Achtsamkeit.
5. Bleiben Sie sich treu.
6. Begrüßen Sie Ihre Emotionen.

1. Akzeptieren Sie das Leben so, wie es ist

Das Leben ist nicht das, was es sein sollte. Es ist das, was es ist. Die Art und Weise, wie man damit umgeht, macht den Unterschied.
(Virginia Satir)

Jeder Tag bringt größere und kleinere Probleme. Wir kreisen um sie, und irgendwie schaffen wir es immer wieder, neue Lösungen zu finden. Aber manchmal sind wir überfordert. Unsere Enttäuschung wächst, und wir denken: »Warum ich?« Wir versuchen sogar herauszufinden, wem wir die Schuld an unserem bedauerlichen Schicksal geben können, nur um uns zunehmend elender zu fühlen. Oder wir leugnen unser Unglück und tun so, als ob nichts wäre, aber auch dann fühlen wir unseren Kummer und Schmerz. Je stärker wir gegen das Problem ankämpfen, desto stärker nimmt es uns in Anspruch.

Sich resilient zu verhalten bedeutet, zum Leben, so wie es ist, ohne Wenn und Aber ja zu sagen. Es bedeutet zu akzeptieren, dass das Leben manchmal schwer ist. Wir können uns bewusst für unser Schicksal entscheiden und es annehmen. Diese Annahme ist ein mutiger Akt, sich mit der Welt und den menschlichen Erfahrungen von Freude und Schmerz, Glück und Unglück zu verbinden, und ein wichtiger Schritt, um wieder Kontrolle über unser Leben zu erlangen. Dadurch können wir unsere Energie darauf verwenden, Lösungen zu suchen, anstatt in Verweigerung dahinzusiechen.

Umstände zu akzeptieren, die nicht verändert werden können, hilft, uns auf die Umstände zu konzentrieren, die wir ändern können.

Umstände zu akzeptieren, die nicht verändert werden können, hilft, uns auf die Umstände zu konzentrieren, die wir ändern können.

Tipp

1. *Stehen Sie auf und gönnen Sie sich eine Pause. Atmen Sie tief durch, und akzeptieren Sie das Leben so, wie es im Moment ist, mit allen Vor- und Nachteilen. Trennen Sie das, was tatsächlich geschieht, von Ihren Gedanken. Betrachten Sie die Ereignisse aus der Entfernung. Vielleicht können Sie sich vorstellen, über dem Ort, an dem Sie sich im Moment befinden, zu fliegen, um sich selbst und die Situation aus größerer Distanz zu betrachten und festzustellen, dass sie doch nicht so schlecht ist. Was passiert tatsächlich? Was von den Dingen, die Sie denken, ist wirklich wahr?*

2. *Verbinden Sie sich mit dem, was Sie glücklich macht. Verbinden Sie sich mit der puren Freude des Atmens und entspannen Sie Ihren Körper für einen Augenblick. Es muss nicht alles geändert werden. Was kann so bleiben, wie es ist? Worüber sind Sie heute glücklich?*

3. *Womit sind Sie heute nicht so zufrieden? Unterscheiden Sie zwischen den Dingen, die Sie ändern können, und denen, die Sie nicht aus der Entfernung ändern können. Entscheiden Sie sich für das, was Sie als Allererstes ändern möchten. Möglicherweise müssen Sie Ihre Ziele anpassen. Sollten Sie es nicht schaffen, Ihre Aufgabe innerhalb der gesetzten Frist zu erledigen, könnten Sie sich vielleicht entscheiden, weniger zuverlässig zu sein. Noch besser: Sie fragen nach einer Fristverlängerung.*

4. *Akzeptieren Sie Ihre Reaktion auf die Situation. Manche Dinge werden Sie glücklich machen, manche traurig. Es ist völlig in Ordnung, diese Gefühle zu haben: Sie sind normale, menschliche Reaktionen. Lassen Sie diese Gefühle zu.*

Der alte Mann und sein Pferd

Es war einmal ein alter Mann, der an der nördlichen Grenze des Landes lebte. Sein großes Talent war die Pferdezucht. Eines Tages entdeckte er, dass sein Pferd in das angrenzende Land Hu ausgebrochen war. Seinen Nachbarn tat das sehr leid, aber der alte Mann sagte: »Wer weiß, vielleicht ist das ein Glück?«

Einige Monate später kehrte das verlorene Pferd plötzlich zurück und brachte ein anderes schönes Pferd mit. Die Nachbarn kamen, um dem alten Mann zu seinem Glück zu gratulieren. Aber der alte Mann sagte: »Wer weiß, vielleicht bringt das Unglück?«

Seinem Sohn war es die größte Freude, auf dem schönen Pferd zu reiten. Eines Tages fiel er aber herunter, brach sich die Beine und war gelähmt. Die Nachbarn kamen, um den alten Mann zu trösten. Er entgegnete: »Wer weiß, vielleicht ist das ein Glück?«

Ein Jahr später begann das Nachbarland Hu einen Krieg mit dem Land, in dem der Mann lebte. Alle jungen und starken Männer wurden eingezogen, um im Krieg zu kämpfen – neun von zehn fielen im Kampf. Der gelähmte Sohn blieb zu Hause und blieb so am Leben.

Basierend auf einer Geschichte aus: »Lehre des Lebens« in »Huai Nan Zi«, zusammengestellt von Liu An (179–122 v. Chr.)

Glück kann zu Unglück werden, was sich dann wiederum in Glück verwandeln kann. Veränderungen hören niemals auf und bleiben für immer geheimnisvoll.

2. Bringen Sie die Dinge ins richtige Verhältnis

Ein östlicher Herrscher forderte seine Gelehrten auf, eine immerwährende allumfassende Wahrheit zu formulieren. Sie antworteten: »Und auch dieses wird vorübergehen.« Was für eine mächtige Wahrheit! Wir werden bescheiden, wenn wir arrogant sind, und getröstet in Zeiten der Sorge!

(Abraham Lincoln)

Vor einigen Jahren verunglückte ein Freund mit seiner Frau auf der Autobahn bei der Heimreise aus Frankreich. Keiner war verletzt, aber das Auto hatte einen Totalschaden. Zu ihrer großen Überraschung sagte der Mitarbeiter vom Abschleppservice: »Sie versüßen mir meinen Tag.« Er machte eine Pause, als sie sprachlos schauten, und fügte hinzu: »Sie können sich nicht vorstellen, welche Tragödien ich jeden Tag erlebe. Normalerweise werde ich mit Menschen konfrontiert, die am Boden zerstört sind, und jetzt habe ich mit zwei Menschen zu tun, die lediglich über die Farbe des neuen Autos nachdenken müssen.«

Manche Menschen neigen dazu, die Dinge zu dramatisieren. Andere verharmlosen ihre größten Probleme. Resiliente Menschen hingegen rücken die Dinge ins rechte Licht. Zuzugeben, dass Veränderungen schwierig sind, hilft zu akzeptieren, dass die Dinge sind, wie sie sind.

Diese Unglücks-Skala hilft, die Dinge ins rechte Licht zu rücken: Nicht alles ist ein Drama!

> *Zuzugeben, dass Veränderungen schwierig sind, hilft zu akzeptieren, dass die Dinge sind, wie sie sind.*

Stellen Sie sich eine Skala von 1 bis 10 vor, bei der die 10 für den dramatischsten Moment steht, den Sie sich vorstellen können, und die 1 für ein kleines Missgeschick (z. B. ein Parkknöllchen).

Wo stehen sie im Moment?

Was wäre noch schlimmer, geschieht aber im Moment nicht?

| 1 | 2 | 3 | 4 | 5 | 6 | 7 | 8 | 9 | 10 |

3. Akzeptieren Sie das Unglück

Es kommt nicht auf das an, was dir zustößt, sondern darauf, wie du damit umgehst. (Epictetus)

Ein Kunde erzählte uns eine Geschichte einer »glücksbringenden Krise« aus seinem Arbeitsleben:

> *»Der Leistungsdruck in unserer Abteilung war bereits sehr hoch, aber als zwei Kollegen in Urlaub gingen, wurde es richtig schlimm: Wir machten zunehmend Fehler, und unsere Kunden beschwerten sich. Wir unterbrachen unsere Arbeit, setzten uns zusammen und überlegten, wie wir diese stressige Urlaubszeit gut überstehen könnten. Wir diskutierten über verschiedene Wege, die Arbeit zu erledigen. Wir entschieden, einen E-Mail-freien Zeitraum und Aufgabenlisten einzuführen, und legten Prioritäten fest. Das neue System funktionierte so gut, dass wir es auch nach der Urlaubszeit beibehielten.«*

Manchmal vergessen wir es, aber in jeder Situation können wir frei entscheiden, wie wir reagieren: Entweder fühlen wir uns völlig geschlagen, oder wir erkennen, dass sich hinter jedem Fluch auch ein Segen verbergen kann. Beispielsweise können wir einen leichten Autounfall als einen Hinweis ansehen, wieder aufmerksamer zu fahren. Mit wachsender Lebenserfahrung lernen wir, uns flexibler auf die eine oder andere Möglichkeit einzustellen. Es gibt sehr resiliente Menschen, die sich zu wahren Profis entwickeln, in Niederlagen Chancen zu erkennen.

> *Manchmal vergessen wir es, aber in jeder Situation können wir frei entscheiden, wie wir reagieren: Entweder fühlen wir uns völlig geschlagen, oder wir erkennen, dass sich hinter jedem Fluch auch ein Segen verbergen kann.*

Sogar tragische Umstände können Sinn stiften: 1994 wurde in Belgien ein Verein für Eltern von Unfallopfern gegründet. Zu Beginn waren es 18 Familien, die die tragischen Erlebnisse von Verkehrsunfällen miteinander teilten. Dieser Verein unterstützt Unfallopfer und deren Familien und hat sich verpflichtet, die Sicherheit auf den Straßen zu verbessern sowie das

Bewusstsein der breiten Öffentlichkeit zu erhöhen.

Tipp

Stellen Sie sich die folgenden Fragen:
- *Könnte mein augenblickliches Problem ein verstecktes Geschenk sein?*
- *Welche Chancen bietet es?*
- *Welche neuen Ideen bringt es in meine Arbeit oder in mein Leben?*

4. Üben Sie sich in Achtsamkeit

Viele Berufstätige leben in tagtäglicher Hektik. »Wenn der Tag doch doppelt so viele Stunden hätte«, sagen sie. Wir hetzen durch den Tag, krampfhaft bemüht, unsere »To-do-Liste« abzuarbeiten. Alles soll schneller, effizienter und einfacher sein, damit man immer mehr in immer weniger Zeit erledigen kann. Wir treffen uns zu virtuellen Meetings. Wenn das nicht geht, fahren wir von A nach B über C, um Zeit zu gewinnen. Zeit ist Geld. Auf dem Weg zur Arbeit sind wir mit unseren Gedanken schon bei den Aufgaben und Pflichten, die uns erwarten, anstatt auf den Verkehr zu achten. Während wir fahren, fühlen, atmen und Musik hören, bemerken wir gar nicht, dass wir das alles tun. Ist es Ihnen auch schon einmal passiert, dass Sie plötzlich auf Ihrem Parkplatz standen, sich aber nicht erinnern konnten, diese Brücke oder jene Kreuzung überquert zu haben? Wir nutzen unseren Autopiloten und sind geistig irgendwo anders – aber nicht im Hier und Jetzt.

Sich mit dem wahren Leben zu verbinden, bedeutet, sich eine Pause zu gönnen und der Stimme im Kopf eine Auszeit zu geben: Zeit zum Atmen, Fühlen, Sehen und Hören, was um uns herum passiert. Für vielbeschäftigte Berufstätige ist dies ein wahres Vergnügen. Sie werden wahrnehmen, wie wertvoll es ist, sich mit dem wahren Leben zu verbinden, nicht nur mit dem Leben im Kopf. Das Leben so zu akzeptieren, wie es ist, beginnt mit der neugierigen Wahrnehmung all unserer Sinne ohne Hintergedanken oder Ziele. Nur im Moment da zu sein – als eine reine Körpererfahrung.

Suchen Sie sich einen bequemen Platz und entspannen Sie Ihren Körper und Geist für einen Augenblick. Stellen Sie sich beim Lesen dieser Zeilen vor,

Sich mit dem wahren Leben zu verbinden, bedeutet, sich eine Pause zu gönnen und der Stimme im Kopf eine Auszeit zu geben: Zeit zum Atmen, Fühlen, Sehen und Hören, was um uns herum passiert.

wie es sein wird, die Augen nach dem Lesen zu schließen und sich wieder in Achtsamkeit zu üben.

So üben Sie Achtsamkeit

- Nehmen Sie eine bequeme und aufrechte Körperhaltung ein.
- Richten Sie Ihre Aufmerksamkeit auf Ihre Atmung.
- Genießen Sie, wie die Luft in Ihren Körper ein- und ausströmt, und genießen Sie die reine Freude am Atmen.
- Richten Sie Ihre Aufmerksamkeit sanft nach innen.
- Erlauben Sie der Welt, sich weiterzudrehen, ohne selbst aktiv daran teilzuhaben.
- Lassen Sie Ihre Aufmerksamkeit langsam und sanft von den Füßen bis zum Kopf wandern.
- Sagen Sie »Entspann dich« zu jedem einzelnen Körperteil und spüren Sie nach, wie sich die Anspannung auflöst.
- Stellen Sie sich vor, Ihre Gedanken sind wie kleine, sich kräuselnde Wellen auf einem tiefen See, und lassen Sie sie gehen.
- Stellen Sie sich die Ruhe und Tiefe des Sees vor und genießen Sie die Stille, die auf jedes Geräusch folgt, das Sie hören.
- Stellen Sie sich nun auf Ihre Wahrnehmung ein: was Sie fühlen, was Sie hören, was Sie schmecken.
- Seien Sie offen für diesen Augenblick, ohne ihn ändern zu wollen
- Hören Sie aufmerksam, was Ihnen Ihr Körper sagt.
- Verwenden Sie eine ermutigende Sprache und genießen Sie die Aufmerksamkeit, die Sie sich selbst gegeben haben.

Tipp

- *Machen Sie es sich zur Angewohnheit, jeden Tag einen Zeitpunkt zu finden, an dem Sie diese kurze Übung ohne Störung durchführen können. Fünf Minuten reichen schon aus.*
- *Erinnern Sie sich selbst immer wieder an diesen friedlichen Moment. Kleben Sie sich einen farbigen Sticker oder ein anderes Zeichen an den Platz, an dem Sie sich an dieses friedvolle Erlebnis erinnern möchten.*

5. Bleiben Sie sich treu

Sich treu zu bleiben, bringt viele Vorteile. Es bietet uns Möglichkeiten, die wir nicht gesehen hätten, wenn unser Autopilot eingeschaltet gewesen wäre. Jeden Tag erleben wir, wie sich der Tag in Nacht verwandelt, wie Ebbe und Flut kommen und gehen und wie die Jahreszeiten wechseln. Wenn es wieder kälter wird, bekommen die Tiere ihr Winterfell, die Vögel ziehen gen Süden und die Seen frieren zu. Alles befindet sich im Wandel.

Wenn wir unseren Autopiloten einschalten, bemerken wir den Wandel nicht, der auch in uns selbst stattfindet. Wir merken nicht, dass wir als Person aus dem komplexen Wechselspiel zwischen Physiologie, Erfahrungen und Interaktionen mit der äußeren Welt heraus entstehen. An einem Tag fühlen wir uns vital und lebendig, am anderen müde und mürrisch. Es gibt Zeiten, in denen wir aktiv und voller Energie sind, dann wieder Zeiten, in denen wir dringend Ruhe, Frieden und Müßiggang benötigen.

Uns selbst gegenüber ehrlich zu sein, uns selbst treu zu bleiben, bedeutet in erster Linie, unsere Einzigartigkeit anzuerkennen und zu respektieren, dass wir Lebewesen mit natürlichen Bedürfnissen sind.

Uns selbst gegenüber ehrlich zu sein, uns selbst treu zu bleiben, bedeutet in erster Linie, unsere Einzigartigkeit anzuerkennen und zu respektieren, dass wir Lebewesen mit natürlichen Bedürfnissen sind. Vielleicht benötigen wir mehr Schlaf als früher, um wieder dieselbe Kraft zu haben? Sind Sie müde, traurig, frustriert, verunsichert oder verwirrt? Das ist in Ordnung. Gut, dass Sie das bemerkt haben. Gehen

Sie behutsam mit sich um, setzen Sie sich nicht unter Druck. Umgeben Sie sich mit Menschen, die Sie lieben, nehmen Sie Hilfe an. Brechen Sie aus dem gewohnten Trott aus. Bringen Sie etwas Abenteuer in Ihr Leben und gönnen Sie sich eine Pause.

Energiefresser und Energiespender

Notieren Sie fünf Energiefresser (z. B. zu viel sitzen, Schlafmangel, zu viele Verwaltungsaufgaben, schlechtes Wetter, Sorgen) und fünf Energiespender (z. B. ein neues Projekt, Mittagessen mit einem netten Kollegen, nettes Treffen mit dem Team, Sport). Was ermüdet Sie? Was gibt Ihnen Energie?

Energiefresser

> _____

> _____

> _____

> _____

> _____

Energiespender

> _____

> _____

> _____

> _____

> _____

Werden Sie aktiv

- Suchen Sie sich einen Energiefresser aus, den Sie heute bewältigen möchten.

- Lassen Sie sich von Ihren Energiespendern inspirieren und planen Sie heute etwas, das Ihnen Spaß macht.

6. Begrüßen Sie Ihre Emotionen

Menschen reagieren mit Ärger, Sorge, Depression oder Launigkeit auf unerwünschte Situationen. Es gibt viele Wege, mit diesen Gefühlen umzugehen. Wir können zum Beispiel anderen die Schuld geben, uns beschweren, nörgeln. Aber wir können auch Atem- oder Visualisierungsübungen machen oder andere Strategien nutzen, mit denen wir uns zufriedener fühlen oder die unsere negativen Gefühle zu verringern.

Entscheiden Sie sich dafür, alle Gefühle, die Sie entdecken, zu akzeptieren oder sogar gutzuheißen.

Möchten Sie noch eine andere Technik ausprobieren? Dann beschließen Sie jetzt, in den nächsten Wochen zum Erforscher Ihrer Gefühle zu werden. Mit Neugier werden Sie auf eine Reise durch Ihren Körper gehen und in jedem Moment entdecken, was gerade mit Ihnen passiert. Entscheiden Sie sich dafür, alle Gefühle, die Sie entdecken, zu akzeptieren oder sogar gutzuheißen.

1. Bemerken Sie die Emotion: Da passiert etwas mit mir. Ich kann es in mir fühlen.

2. Erforschen Sie die Emotion: Wo in meinem Körper fühle ich was? In meinem Hals? Magen? Kopf? Wie fühlt es sich an? Ist es groß, klein, warm, kalt, hat es eine Farbe, bleibt es konstant oder ändert es seine Größe und Intensität? Bewegt es sich? Habe ich Herzrasen? Schmerzen? Betrachten Sie das Gefühl, versuchen Sie, es nicht zu ändern. Beobachten Sie es nur, oder nehmen Sie es sogar als eine wahre, menschliche und bedeutungsvolle Empfindung an. Nehmen Sie sich die notwendige Zeit für Ihre Emotionen, bis sie sich ein wenig gelegt haben.

3. Wenn es für Sie nützlich ist, können Sie versuchen zu verstehen, welche wertvollen Informationen Ihnen diese Emotion gebracht hat. Hat sie etwas darüber ausgesagt, was Sie brauchen, was Sie wichtig finden, oder was Sie glauben? Gab es für Sie wichtige Informationen über die Situation oder die Menschen? War diese Herausforderung zu hoch für Sie? War es ein Warnsignal Ihres Körpers, um Ihnen

Grenzen zu zeigen, um Sie aufzufordern, aus der Situation heraus-
zutreten, etwas zu ändern?

Dieser Prozess braucht Mut und Disziplin. Er fordert Sie auf, Ihre ersten Reaktionen auf eine Situation zunächst zu vertagen und mehr Augenmerk auf
Ihre Emotionen zu lenken. Sie müssen beobachten, wie Ihre Emotionen aus-
gelöst werden und wie Ihr Körper auf die Situation reagiert. Das kann Ihr
Selbst-Bewusstsein und Ihre Führungsfähigkeiten stärken. Wenn Sie mit sich
selbst verbunden sind und die Weisheiten Ihres Körpers akzeptieren, ist dies
ein weiterer Schritt zu einem bewussteren und bedeutungsvolleren Leben.

Das Gasthaus

Das menschliche Dasein ist ein Gasthaus.
Jeden Morgen ein neuer Gast.
Freude, Depression und Niedertracht –
auch ein kurzer Moment von Achtsamkeit
kommt als unverhoffter Besucher.

Begrüße und bewirte sie alle!
Selbst wenn es eine Schar von Sorgen ist,
die gewaltsam Dein Haus
seiner Möbel entledigt,
selbst dann behandle jeden Gast ehrenvoll.
Vielleicht bereitet er Dich vor auf ganz neue Freuden.

Dem dunklen Gedanken, der Scham, der Bosheit –
begegne ihnen lachend an der Tür und lade sie zu Dir ein.

Sei dankbar für jeden, der kommt,
denn alle sind zu Deiner Führung geschickt worden
aus einer anderen Welt.

(Jelaluddin Rumi; Quelle: Wikipedia)

2. Rücken Sie die Dinge ins rechte Licht

Der, der ein »Warum« hat, für das er lebt, kann jedes »Wie« ertragen.
(Friedrich Nietzsche)

Mit unseren Gedanken können wir unsere Gefühle und unser Verhalten beeinflussen. Wenn wir beispielsweise an eine Zitrone denken und daran, wie es sich anfühlt, frischen Zitronensaft zu kosten, wirkt sich das nicht nur auf unseren Gesichtsausdruck aus, sondern auch auf unsere Speicheldrüse. An stressreiche Situationen zu denken oder darüber zu sprechen (z. B. Examensprüfungen, Aufführungen, Ansprachen), verursacht sofort eine neurophysiologische Reaktion im Körper (Herzrasen, Schwitzen, Blutdruckanstieg). Menschen, die gewohnheitsmäßig und gerne über ihr Leben nachgrübeln, sind sofort und problemlos in der Lage, sich niedergeschlagen zu fühlen.

Auch Menschen, die sich selbst darin trainiert haben, positiv über die Zukunft zu denken, können ihre Gefühle und ihr Verhalten bewusst beeinflussen. Sie sind optimistischer und kraftvoller und steigern so ihre Chance, erfolgreich zu sein. Die Art und Weise, wie man denkt, beeinflusst das Leben wesentlich. Man kann die Gedanken, die man denkt, verändern und so eine gewohnheitsmäßige Gedankenwelt schaffen, die positive, glückliche und erfolgreiche Resultate ermöglicht.

Resiliente Menschen denken nicht nur an ihre Erfolge und Segnungen; sie erwarten sogar eine bessere Zukunft und werfen einen mentalen Rettungsanker in diese bessere Zukunft hinein, indem sie sie sich genau vorstellen. Das gibt ihnen die Kraft, mit der derzeitigen Situation besser umzugehen. Wer sich eine bessere Zukunft im Detail ausmalt, versetzt sich in die Lage, ganz genau zu hören und zu spüren, wie ein »Besser« sich anfühlt.

Man kann die Gedanken, die man denkt, verändern und so eine gewohnheitsmäßige Gedankenwelt schaffen, die positive, glückliche und erfolgreiche Resultate ermöglicht.

Hier sind einige Übungen, mit deren Hilfe Sie Ihre Fähigkeit trainieren können, sich eine bessere Zukunft vorzustellen und Ihrem Erfolg den Weg zu bereiten.

1. Schreiben Sie einen Brief aus der Zukunft an sich selbst.
2. Verwandeln Sie Ihr Problem in ein Ziel.
3. Denken Sie resilient.
4. Stellen Sie Gedanken in Frage, die Sie Kraft kosten.
5. Bringen Sie Ihr Leben ins Gleichgewicht.
6. Konzentrieren Sie sich auf den Fortschritt.
7. Stellen Sie sich drei Fragen zum Glück.

1. Schreiben Sie einen Brief aus der Zukunft an sich selbst

Dies ist eine Übung, die wir von Yvonne Dolan gelernt haben. In ihrem Buch »Schritt für Schritt zur Freude zurück« finden sich Dutzende sinnvolle Übungen, mit deren Hilfe man nach einer Traumatisierung zurück in ein freudvolles Leben finden kann.

Suchen Sie sich einen Zeitpunkt in der Zukunft aus (in fünf, zehn, zwanzig Jahren oder einen anderen Zeitpunkt, der Ihnen sinnvoll erscheint). Schreiben Sie das Datum in die Überschrift. Stellen Sie sich vor, dass die kommenden Jahre schon vorbei sind und dass Sie einen Brief an Ihr ehemaliges, d. h. Ihr heutiges Ich schreiben. Schreiben Sie Ihren Namen in die Anrede des Briefes: »Liebe/r ...«.

Während Sie den Brief an sich schreiben, stellen Sie sich vor, dass Sie zu jenem Zeitpunkt in der Zukunft ein angenehmes, gesundes und erfülltes Leben führen. Sollten Sie im Moment Probleme haben, stellen Sie sich vor, dass sie gelöst sind und Sie einen akzeptablen Weg gefunden haben, mit ihnen umzugehen.

Erklären Sie in Ihrem Brief, wie Sie die Probleme, mit denen Sie sich im Moment beschäftigen, gelöst haben. Zeigen Sie auf, was Ihnen bei der Problemlösung am meisten geholfen hat.

Beschreiben Sie detailliert, wie Sie Ihre Zeit in der imaginären Zukunft verbringen. Beschreiben Sie Ihre Beziehungen, Weltanschauungen, Betrachtungen, Ihre Hoffnungen und Pläne für die weitere Zukunft.

Als Abschlussbemerkung richten Sie noch einige Worte der Weisheit an Ihr altes Ich.

Dieser Brief hilft Ihnen, geistig in die Zukunft zu treten und von dort aus eine historische Betrachtungsweise einzunehmen, ohne dass diese erwünschte Zukunft notwendig linear mit der Gegenwart verbunden sein muss. Diese neue, glückliche Zukunft zu beschreiben, befähigt Sie, mit einer Zukunft in Kontakt zu treten, die viel mehr Möglichkeiten bietet als nur die Fortführung der allgegenwärtigen täglichen Probleme.

Eine neue, glückliche Zukunft zu beschreiben, befähigt Sie, mit einer Zukunft in Kontakt zu treten, die viel mehr Möglichkeiten bietet als nur die Fortführung der allgegenwärtigen täglichen Probleme.

2. Verwandeln Sie Ihr Problem in ein Ziel

Probleme sind Lösungen in Arbeitskleidung. (Henry J. Kaiser)

»Wenn Martin die Zielvereinbarungen nicht einhalten kann, schreit er seine Kollegen an.« Es ist doch sehr menschlich und verlockend, sofort nach einem Sündenbock zu suchen, wenn man mit einem Problem konfrontiert wird. So schafft man die Illusion, dass man für die Lösung nicht verantwortlich ist. Natürlich ist es vorhersehbar, dass solche Aktionen defensive Reaktionen und den Widerstand der angegriffenen Person hervorrufen. Das alles ist Zeitverschwendung, Energieverschwendung und schädigt Ihre positive Haltung.

Zetern und Jammern helfen da nicht. Wir müssen unseren Fokus verändern: weg vom Problem, hin zur Lösung. Wir müssen das Problem (den Zustand, den wir verhindern wollen) in einen wünschenswerten Zustand (oder die Situation, die wir herbeisehnen) verwandeln. Wenn Sie eine Frist nicht einhalten können, können Sie natürlich in Panik geraten und lange diskutieren. Sie könnten aber auch fragen: Was können wir in der verbleibenden Zeit tatsächlich noch erreichen? Entwickeln Sie einen konstruktiven Plan, Meetings zu straffen und zu optimieren, anstatt sich über sinnlose Meetings zu ärgern. Vergessen Sie nicht, dass es mehr als eine Lösung zu jedem Problem gibt.

Wir müssen unseren Fokus verändern: weg vom Problem, hin zur Lösung.

Aktion

Falten Sie ein Stück Papier in drei Teile. Notieren Sie Ihre Probleme auf der linken Seite. In die mittlere Spalte schreiben Sie, was Sie sich anstelle der Probleme wünschen. Benutzen Sie ausschließlich positive Sprache für die Beschreibung Ihrer Lösungen. Vermeiden Sie Formulierungen wie »nie mehr ...«, »kein ...«, »ich hör auf ...«. Trennen Sie jetzt den linken Teil des gefalteten Papiers ab, werfen Sie ihn in den Müll oder verbrennen Sie ihn. Konzentrieren Sie sich nun auf Ihre Wünsche und schreiben Sie in den rechten Teil all die Dinge, die Sie tun können, um die Wünsche zu erreichen.

Tipp

Wenn Sie die Aktion durchführen, ist es wichtig, realistisch zu bleiben. Legen Sie die Messlatte nicht zu hoch. Gehen Sie lieber einen kleinen Schritt nach dem anderen.

3. Denken Sie resilient

> *Ein Pessimist sieht die Schwierigkeit hinter jeder Möglichkeit; ein Optimist sieht die Möglichkeit hinter jeder Schwierigkeit.*
>
> (Winston Churchill)

Unser Herz und unser Geist sind untrennbar miteinander verbunden. Unsere Gefühle beeinflussen unsere Gedanken, und unsere Gedanken beeinflussen unsere Gefühle. Es stellt sich die Frage, wie wir sicherstellen können, dass uns unsere Gefühle nicht überwältigen. Können wir sie kontrollieren? Natürlich! Allerdings ist es nicht so einfach, den Schalter umzulegen. Unsere Emotionen können nur mit ihren eigenen Waffen geschlagen werden. Traurigkeit kann mit Glücksgefühlen bezwungen werden. Überwinden Sie Trauer, indem Sie Glücksgefühle erzeugen.

- Stellen Sie sich vor, was Sie tun werden, wenn eines Tages die Aufgabe oder Belastung vorbei ist.
- Was haben Sie aus der Aufgabe oder Belastung gelernt? Was davon kann Ihnen für die Zukunft nützlich sein?
- Welche Chancen stecken in den Schwierigkeiten?
- Wie kann das Ihrem Leben einen positiven Impuls geben?
- Verwenden Sie nur aufmunternde Worte.

Rechnen Sie mit Erfolg

- Es ist eine selbsterfüllende Prophezeiung: Wenn Sie Misserfolg erwarten, wird Misserfolg eintreten. Andererseits aber wird die Erwartung von Erfolg auch zu Erfolg führen. Diese Art zu denken hat direkten Einfluss auf Ihre Resilienz. Immer wenn Sie eine schwierige Aufgabe bewältigen müssen, stellen Sie sich vor, dass Sie erfolgreich sein werden, und was Sie tun, um erfolgreich zu sein. Visualisieren Sie, woran Sie merken, dass es gut ausgeht, dass Sie es schaffen, und woran es andere bemerken. Aus dieser Visualisierung werden Sie Energie ziehen und Ihre Energie wird Ihnen dabei helfen, erfolgreich zu sein.

- Stellen Sie sich vor, Sie bewältigen die bevorstehende schwere Aufgabe. Was werden Sie tun? Was werden andere bemerken? Wie, glauben Sie, werden die anderen reagieren?

- Stellen Sie sich vor, wie Sie mit Stolz zurückblicken, wenn Sie die Krise oder Schwierigkeit gemeistert haben. Was haben Sie dafür getan?

Übung

- ✓ Stellen Sie sich vor, ein Wunder ist geschehen und Sie haben sich zu einem äußerst resilienten Menschen entwickelt. Stellen Sie sich vor, wie Sie auf resiliente Art und Weise den Schwierigkeiten ins Auge sehen.
- ✓ Was machen Sie anders?
- ✓ Wie reagieren Sie?
- ✓ Was bemerken andere?
- ✓ Was könnten Sie jetzt tun (oder leisten), gerade weil Sie zuvor resilient reagiert haben?
- ✓ Welches sind die Vorteile?

4. Stellen Sie Gedanken in Frage, die Sie Kraft kosten

Glauben Sie nicht alles, was Sie denken!

Wenn Sie sich zu sehr sorgen, übernehmen Ihre Gedanken die Kontrolle. Zum Beispiel kann der Gedanke, dass Sie nicht schlafen können, nervenaufreibend sein und Sie daran hindern, einzuschlafen. Je mehr Sie denken: »Ich sollte nicht daran denken, dass ich nicht schlafen kann«, desto mehr werden Sie von diesen Gedanken gequält. Ebenso kann der Gedanke, dass Sie eine Aufgabe nicht abschließen können, schleichend zum Misserfolg führen.

Lieber entfernen wir uns von solch unnützen Gedanken. Ein einzelner Fehler macht noch keinen Misserfolg. Der Gedanke, dass Sie nicht schlafen können, ist nur ein Gedanke. Sie könnten sagen: »Hey, dieser Gedanke taucht auf und das ist in Ordnung, es ist nur ein Gedanke. Ich bin nicht verpflichtet, ihn zu glauben.«

Oder Sie blähen Ihre Ängste zu so irrationaler Größe auf, dass sie absurd werden. »Hurra, ich werden nie wieder schlafen müssen! Vielleicht habe ich jetzt genug Zeit, zwei Leben zu leben!«

Sind Sie immer noch wach? Das ist nicht schlimm. Rücken Sie das Ereignis wieder ins rechte Licht und erkennen Sie, dass es nur um ein paar schlaflose Stunden geht. Erinnern Sie sich daran, dass die Krieger in Homers Ilias vor einer Schlacht nie geschlafen haben. So hatten sie immer genug Adrenalin, um sich im späteren Sieg zu sonnen.

Denken Sie daran, dass Sie jederzeit Ihre aufregenden Gedanken durch beruhigende Gedanken ersetzen können.

Denken Sie daran, dass Sie jederzeit Ihre aufregenden Gedanken durch beruhigende Gedanken ersetzen können, die Sie nicht am Schlaf hindern. Denken Sie zum Beispiel:

- an Zeiten, als Sie schließlich einschliefen, obwohl Sie befürchteten, wieder eine schlaflose Nacht vor sich zu haben.
- an ein Gedicht, das Sie auswendig lernen können.
- an die Namen Ihrer Mitschüler in der zweiten Klasse.
- an eine Reihe von Dingen, die Sie in den letzten Wochen umgesetzt haben.
- an Erlebnisse während Ihrer letzten Reise.
- an die Handlung eines kürzlich gesehenen Films.

Stehen Sie auf, wenn das alles nicht funktioniert, notieren Sie alle Ihre wichtigen Gedanken, zerknüllen Sie das Papier und werfen Sie es fort.

Manche Menschen berichten, dass es effektiv ist, aufzustehen und etwas wirklich Langweiliges zu tun, etwas Alltägliches, das sie vor sich herschieben, wie z. B. Rechnungen bezahlen, bügeln usw.

5. Bringen Sie Ihr Leben ins Gleichgewicht

Peter ist seit sechs Monaten Projektleiter. Er wurde wegen seiner Loyalität dem Unternehmen gegenüber und wegen seines Sinns für Perfektion ernannt. Die Tätigkeit, die er mit seinem neuen zehnköpfigen Team ausführen muss, ist nicht mit seiner vorherigen Tätigkeit vergleichbar. Peter ist sehr verantwortungsbewusst. Dies zwingt ihn dazu, wie in der Vergangenheit jedes Detail gründlich zu überprüfen. Selbstverständlich kommt er abends später nach Hause. Wenn die Kinder im Bett sind, setzt er sich wieder an seinen Laptop. Er beginnt, die wöchentlichen Tennisspiele mit seinen Freunden abzusagen. Er wird immer gereizter, und die Beziehung zu seiner Frau verschlechtert sich.

Wir können folgende Bereiche in unserem Leben definieren:

- Familie: Zuwendung zum Partner, zu Kindern, zu den Großeltern
- Arbeit: Karriere, berufliche Beziehungen und berufliche Weiterentwicklung
- Soziales Leben: Beziehung zu Freunden, Mitgliedschaft bei Vereinen, ehrenamtliche Tätigkeiten usw.
- Hobbys: Kreativität, Kunst, Musik, Theater, Tanz, Literatur, Freizeit, Reisen usw.
- Gesundheit: Gewicht, Ernährung, physische und psychische Gesundheit
- Persönliche Entwicklung: lebenslanges Lernen und Entwicklung sozialer und emotionaler Intelligenz
- Spiritualität: Meditation oder Gebet, Nachsinnen über Bestimmung und Sinn
- Lebensplanung: Finanzen, Planungen für die Rentenzeit, Abwägen von Arbeitszeitmodellen wie Vollzeit oder Teilzeit, Wechsel in neue Lebensphasen wie Familiengründung, Elternschaft, Erwachsenwerden der Kinder, Alter usw.

Es ist utopisch, immer alle Lebensbereiche in perfekter Balance halten zu wollen. Wenn zum Beispiel unsere Eltern erkranken, bedürfen ihre Versorgung und Pflege unserer gesamten Aufmerksamkeit. Wir sind gezwungen, weniger Zeit mit unserem Partner und unseren Kindern zu verbringen oder weniger Zeit in unsere Arbeit zu investieren. Ein vorübergehendes Ungleichgewicht baut Resilienzen auf und macht uns stärker. Sollte die Belastung allerdings zu einer Gefahr für unsere eigene Gesundheit werden, müssen wir das bemerken und uns damit befassen.

Es ist utopisch, immer alle Lebensbereiche in perfekter Balance halten zu wollen. Ein vorübergehendes Ungleichgewicht baut Resilienzen auf und macht uns stärker.

Es ist tatsächlich möglich und auch nötig,

unsere Lebensbalance zu planen und auf schwierige Situationen vorbereitet zu sein. Die folgenden Schritte sollen Ihnen helfen, eine bessere Balance in Zeiten des Ungleichgewichts zu planen.

Aktion

- Legen Sie eine Liste an mit allen für Sie wichtigen Lebensbereichen. Zur Inspiration können Sie die o. g. Liste verwenden, aber Ihre Lebensbereiche können auch differieren oder sich überlappen.

- Zeichnen Sie einen Kreis und unterteilen Sie diesen wie ein Torten-Diagramm in die Lebensbereiche, die für Sie wichtig sind.

- Für jeden Bereich stellen Sie sich folgende Frage: Wo befinde ich mich auf einer Skala von 1 bis 10, wobei 10 bedeutet »Ich bin mit diesem Lebensbereich vollkommen zufrieden« und 1 bedeutet »Ich bin mit diesem Lebensbereich vollkommen unzufrieden«? Notieren Sie die Zahl in jedem Lebensbereich.

- Wählen Sie den Lebensbereich mit dem höchsten und mit dem niedrigsten Wert und stellen Sie sich für diese beiden Bereiche jeweils die folgenden Fragen:

  - Was zeigt mir im Moment, dass ich mich um diesen Lebensbereich (wenigstens ein bisschen) bemühe?
  - Was würden andere sagen, dass ich gut mache?
  - Stellen Sie sich vor, dass Sie sich in diesem Lebensbereich auf der Position 10 befinden. Was wäre für Sie anders?
  - Was wäre für Ihre Mitmenschen anders?
  - Zählen Sie alles auf, was für Sie und Ihre Mitmenschen anders wäre. Stellen Sie sich diese Frage mindestens dreimal.
  - Erinnern Sie sich an einen Zeitpunkt in der jüngeren Vergangenheit, an dem Sie auf der Skala einen höheren Wert hatten. Was war damals anders? Könnten Sie mehr davon tun?
  - Was wäre anders, wenn Sie auf der Skala einen Schritt weiter wären?
  - Was könnten Sie schon morgen unternehmen?

Wir meinen: Sie erhöhen Ihre Chance auf ein ausgeglichenes Leben, wenn Sie Ihre Aktivitäten nicht nur auf einen Lebensbereich, sondern auf verschiedene Lebensbereiche verteilen. Die Energie, die Sie in einem Lebensbereich gewinnen, wird Ihnen die Kraft geben, gut mit einem anderen Lebensbereich umzugehen. Beispielsweise wird Ihnen die Resilienz, die Sie durch Ihre sozialen Netzwerke gewinnen, helfen, besser mit einer Krise in der Arbeitswelt umzugehen.

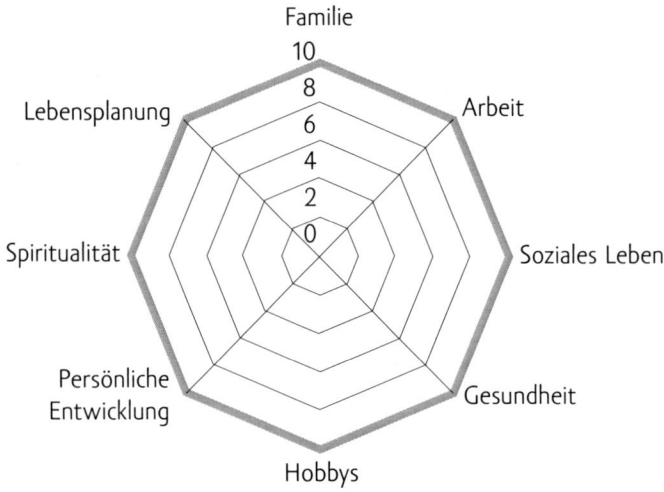

Es war einmal...

Es war einmal ein Zirkusartist, der überragende Fähigkeiten im Jonglieren hatte. Er konnte mit vielen Tellern gleichzeitig jonglieren, ohne dass ein Teller herunterfiel. Als man ihn fragte, was das Geheimnis seines stabilen Gleichgewichtssinns sei, antwortete er:

»Es ist keine Frage der Stabilität. Wenn Sie genau hinschauen, werden Sie bemerken, dass alles in ständiger Bewegung ist. Ich sorge nur dafür, dass nichts herunterfällt.«

6. Konzentrieren Sie sich auf den Fortschritt

> *Sie müssen nicht wissen, was gut ist, um zu wissen, was besser ist.*
> (Steve de Shazer)

Sich resilient zu verhalten, bedeutet:

- Akzeptieren Sie das Problem.
- Verwandeln Sie das Problem in eine Herausforderung.
- Sehen Sie die Anzeichen von Fortschritt.
- Machen Sie kleine, entschlossene Schritte.

Manchmal sind die Probleme so groß, dass man sich nicht vorstellen kann, sie jemals zu überwinden. So wie Sie sich ins Haus zurückziehen, bis der Sturm vorüber ist, so können Sie entscheiden, sich zurückzuziehen, bis Sie stark genug sind, den Problemen ins Auge zu sehen und etwas Sinnvolles zu tun. Solange Sie zu Hause sind, sollten Sie es sich so gemütlich wie möglich machen. Auch das ist resilientes Handeln.

Niemand lebt ständig im perfekten Glück. Stattdessen sollten wir lieber versuchen, Schritt für Schritt immer ein bisschen glücklicher zu werden.

In seinem Buch »Happier« stellt Tal Ben-Shahar klar, dass wir nicht nach dem absoluten Glück streben müssen. Niemand lebt ständig im perfekten Glück. Stattdessen sollten wir lieber versuchen, Schritt für Schritt immer ein bisschen glücklicher zu werden. Hier liegt der Fokus auf dem Prozess, glücklicher zu werden, im Gegensatz zum Endziel, glücklich zu sein.

Aktion

- Fragen Sie sich, was Ihnen im Moment am meisten Freude bringen würde.
- Finden Sie heraus, was Sie noch voranbringt, und gehen Sie einen Schritt in diese Richtung.
- Machen Sie eine Liste der Dinge, die Ihr »Haus« noch gemütlicher machen.

Wohlfühl-Schatzkiste

Ab und zu fragen wir unsere Kollegen und Kunden, was sie tun, um sich gut zu fühlen. Hier ist eine Auswahl ihrer Antworten:

- Ich werfe einen Blick in meinen »Wohlfühl-Umschlag«, in dem ich alle positiven Bemerkungen sammle, die man über mich geschrieben hat.
- In alten Fotoalben stöbern
- Musik hören
- Sich mit Freunden treffen
- Andere um Bestätigung bitten
- Ein Gedicht schreiben
- Mein Pferd putzen
- Einen Brief aus der Zukunft schreiben
- Kochen
- Ein neues Projekt starten
- Eine Maniküre oder Massage buchen
- Einen langen Spaziergang machen
- An die See oder in die Berge fahren
- Tanzen
- Mich daran erinnern, was noch immer funktioniert
- Sport
- Tai Chi
- Einen guten Film ansehen
- Handarbeiten
- Mit den Kindern spielen
- Ein gutes Buch lesen
- Musik runterladen
- Gartenarbeit
- Neue Rezepte ausprobieren
- Eine Zeitschrift über ein Thema kaufen, von dem ich nichts verstehe
- Ich denke an Menschen, die schlechter dran sind als ich, und biete ihnen meine Hilfe an.

7. Stellen Sie sich drei Fragen des Glücks

Eine wundervolle Gewohnheit – fast ein Ritual – sind die drei Fragen des Glücks. Dr. Luc Isebaert hat dieses magische Instrument entwickelt, das schon vielen Menschen geholfen hat, wieder glücklich zu sein. Stellen Sie sich jeden Abend diese Fragen.

Vielleicht hilft es Ihnen, die Fragen und Ihre Antworten darauf in ein besonderes Glücksbuch zu schreiben und vor dem Schlafengehen darin zu lesen.

1. Was habe ich heute getan, das mich sehr glücklich oder zufrieden macht?

2. Was haben andere heute getan, das mich glücklich macht? Was habe ich daraufhin getan, damit es die anderen wissen oder es wieder tun?

3. Was habe ich heute gehört, gerochen, gefühlt, gesehen, erfahren, das mich wirklich glücklich gemacht hat?

3. Schätzen Sie und erkennen Sie das an, was für Sie gut funktioniert

Unsere Hilfe liegt oft in uns und nicht in dem, was wir dem Himmel zuschreiben. (William Shakespeare, All's Well That Ends Well)

Kaum jemand hört im Flugzeug den Sicherheitsunterweisungen zu. Aber wenn man es täte, wäre man vielleicht über den Teil mit der Sauerstoffmaske erstaunt: »Setzen Sie sich selbst die Maske auf, bevor Sie anderen, z. B. Kindern helfen.« Erst Sie selbst und dann die Kinder! Dafür gibt es einen guten Grund: Sie können anderen nur helfen, wenn Sie selbst gut für sich sorgen.

Resiliente Menschen tun genau dies, und sie schätzen das, was sie gut können und worauf sie stolz sind. Sie können sich nicht gut nachhaltig um andere bemühen und für sie sorgen, wenn Sie sich selbst vernachlässigen.

Jeder Mensch ist einzigartig. Keiner war jemals wie Sie oder wird jemals so sein. Beginnen Sie damit, sich selbst zu akzeptieren und zu lieben – jederzeit. Finden Sie heraus, was für Sie gut funktioniert und was Sie noch benötigen, um das für Sie bestmögliche Leben zu führen.

Sie können anderen nur helfen, wenn Sie selbst gut für sich sorgen.

1. Seien Sie sich selbst Ihr bester Freund.
2. Beschließen Sie, sich gut zu fühlen.
3. Genießen Sie Ihre Talente.
4. Machen Sie das, was Ihnen gut tut.
5. Sprechen Sie freundlich mit sich selbst.

1. Seien Sie sich selbst Ihr bester Freund

>*Ein Mensch ist die Summe seiner Taten; was er getan hat und was er tun kann – mehr nicht.«* (Mahatma Gandhi)

Lassen Sie aktive Zeiten und Zeiten der Ruhe einander abwechseln. Unser Körper hat die wunderbare Gabe, sich von Krankheiten und Verletzungen zu erholen. Trotzdem schädigt eine ständige Überbeanspruchung auf lange Sicht unsere Gesundheit. Ein unerwarteter Rückschlag kann der Tropfen sein, der das Fass zum Überlaufen bringt. Wechseln Sie zwischen aktiven, aufregenden Zeiten und entspannten Zeiten. Ein Bogen, der immerzu gespannt ist, kann irgendwann zerbrechen.

Aber ein Bogen, der niemals gespannt wird, verliert seine Flexibilität. Wenn wir unseren Stresspegel immer gesund und ausgeglichen halten, haben wir alle Ressourcen, um mit plötzlichen Rückschlägen umzugehen. Wenn wir sorgfältig auf die Signale unseres Körpers hören, werden wir die perfekte Balance zwischen Pausen und Aktivitäten finden.

> *Wechseln Sie zwischen aktiven, aufregenden Zeiten und entspannten Zeiten. Ein Bogen, der immerzu gespannt ist, kann irgendwann zerbrechen.*

Die Kraft des Nein; die Freude am Ja

Lernen Sie, zu den Dingen nein zu sagen, die nur mittelmäßig sind, dann können Sie zu den Dingen, die wundervoll sind, ja sagen. Lernen Sie, freundlich, aber bestimmt nein zu denjenigen zu sagen, die Ihre Zeit vergeuden oder Sie ausnutzen. Sie können Ihren Freunden gegenüber Bindung und Respekt zeigen, indem Sie Dinge, die Ihre Zeit stehlen, freundlich ablehnen, vorausgesetzt, Sie verletzen niemanden. Sagen Sie nein zu einem übervollen Terminkalender, zu üppigem Essen, zu allem, das Ihre kostbare Zeit und Energie vergeudet. Es ist eine hohe Kunst, elegant zu vermeiden, ausgenutzt zu werden, einfach mitzumachen oder Energie durch fragwürdige Ursachen zu verlieren.

Verändern Sie Ihren Fokus vom Nein zum Ja. Am Morgen denken Sie an alle Dinge, auf die Sie sich wirklich freuen: Welche geplanten Aktivitäten sind spannend und wertvoll für Sie? Wem wollen Sie Ihre Zeit und Aufmerksamkeit schenken? Es ist einfacher nein zu sagen, wenn Sie eine klare Vorstellung haben, was Sie wirklich wollen. Und, so paradox es auch klingt, ein gesunder Egoismus bringt Ihnen mehr Energie, um sich in wichtigen Momenten um andere zu kümmern.

Tipps für die Freundschaft mit sich selbst

- *Dehnen Sie Ihre Muskeln und strecken Sie sich jeden Tag mindestens fünf Minuten.*

- *Gönnen Sie sich jeden Tag eine Aktion persönlicher Erfüllung, egal wie klein.*

- *Verabreden Sie sich jede Woche einmal mit sich selbst und tun Sie in dieser Zeit etwas für sich. Tragen Sie diese Verabredung in Ihren Kalender ein.*

- *Behandeln Sie Ihren Körper sorgsam und mit Respekt, er trägt Sie schließlich durchs Leben.*

- *Vereinbaren Sie Treffen mit freundlichen Menschen, die Sie inspirieren.*

2. Beschließen Sie, sich gut zu fühlen

Ich habe beschlossen, glücklich zu sein, das ist besser für meine Gesundheit.   (Voltaire)

Etwas anderes tun und sich gut fühlen

Es ist so einfach, in ein schwarzes Loch zu fallen und sich in seinem Unglück zu suhlen. Sie werden sofort bemerken, wie Ihre Mitmenschen sich von Ihnen entfernen, um sich nicht zu infizieren und ebenfalls hoffnungslos zu werden.

Haben Sie schon entdeckt, dass Sie jederzeit beschließen können, sich besser zu fühlen, indem Sie etwas anderes tun? Selbstverständlich können Sie entscheiden, Ihre negativen Selbstgespräche in ermutigende, positive Selbstgespräche zu drehen. Aber gelegentlich funktioniert das nicht. In einem solchen Moment können Sie Ihre Gedanken sofort ändern, indem Sie etwas tun, wodurch Sie sich besser fühlen und positiver denken. Unsere Gedanken, Gefühle und Aktionen sind so miteinander verbunden, dass wir an jeder Stelle ansetzen können, um etwas zu verändern.

Positiver Bumerang

Wenn Sie sich gut fühlen, haben Sie Ausstrahlung und sind attraktiv, Sie versprühen Optimismus, Sie inspirieren Ihre Mitmenschen und Ihre Umwelt. Manche Menschen betreten einen Raum und füllen ihn mit positiver Energie. Sie können beobachten, wie alle anderen wieder aufblühen.

Ihre Energie ist für das Zusammentreffen mit anderen und Ihren persönlichen Erfolg entscheidend. Die anderen werden Ihrer positiven Energie, Ihrem Humor und Ihrer positiven Lebenseinstellung nicht widerstehen können, und was Sie anderen geben, erhalten Sie zurück. Ihre Achtsamkeit und Ihr Wohlgefühl werden sich auf das Wohlgefühl der anderen übertragen, und Sie sind von Menschen umgeben, die Ihre Stimmung heben.

Ihre Energie ist für das Zusammentreffen mit anderen und Ihren persönlichen Erfolg entscheidend.

Einige Übungen, um sich besser zu fühlen

- Halten Sie die Zeit für einen kurzen Moment an, halten Sie inne und verändern Sie nichts. Setzen Sie sich ruhig hin, entspannen Sie Schultern, Nacken, Kiefer, Arme, Beine und Bauch. Achten Sie auf Ihren Atem, hören Sie auf die Geräusche, fühlen Sie die Raumtemperatur oder den Lufthauch auf Ihrer Haut. Konzentrieren Sie sich auf Ihre Sinne: Was können Sie sehen? Was können Sie hören? Was riechen? Wenn Gedanken hochkommen, kehren Sie zurück zur Sinneswahrnehmung. Bleiben Sie mindestens fünf Minuten lang in dieser Konzentration. Welche Wirkungen können Sie spüren?

- Tun Sie etwas, das Sie glücklich macht. Gehen Sie spazieren, duschen Sie oder nehmen Sie ein Bad, gehen Sie in die Sauna, fahren Sie

Fahrrad, machen Sie ein Nickerchen, treiben Sie Sport, verbringen Sie mehr Zeit im Badezimmer, ziehen Sie etwas an, in dem Sie sich wunderbar fühlen.

- Treffen Sie sich mit Menschen, die Sie fröhlich und gelassen machen. Rufen Sie einen guten Freund an, blättern Sie durch ein Fotoalbum mit schönen Erinnerungen, lesen Sie ein gutes Buch, schauen Sie einen lustigen Film, besuchen Sie einen Ort, an dem Sie sich wohl fühlen. Seien Sie kreativ, malen Sie, hören Sie Ihre Lieblingsmusik oder gehen Sie einfach nur raus in die Natur.

3. Genießen Sie Ihre Talente

»Mein Kollege liebt Diagramme und komplizierte Analysen. Wenn er in seine Zahlen vertieft ist, vergisst er die Zeit. Ich hingegen verabscheue Diagramme und Herumstochern in Kleinigkeiten, aber ich lebe voll auf, wenn ich mit Kollegen zusammen sein kann, kreativ arbeiten und diskutieren kann.«

Wenn Sie lieben, was Sie tun, werden Sie die Arbeit nicht als Pflicht sehen. So, wie es für einen Hasen leichter ist, hoch zu springen anstatt schwimmen zu lernen, so ist es auch für uns einfacher, unsere Talente und Fähigkeiten zu entwickeln, statt an unseren Unzulänglichkeiten zu arbeiten.

Beschließen Sie, Ihre Talente zu genießen

Hätten Sie Lust dazu, Ihre besonderen Talente häufiger zu genießen und Ihre tägliche Arbeit mehr zu lieben? Machen Sie sich eine Liste mit den Dingen, die Sie wirklich gerne tun.

Hier einige Vorschläge

Veranstaltungen organisieren – beraten – planen – Netzwerke pflegen – neue Dinge »erfinden« – unterrichten – sich um andere kümmern – Daten analysieren – schreiben – Präsentationen vorbereiten – Sachen reparieren ...
Es macht Spaß, diese Dinge mit Freunden oder Kollegen zu machen. Stellen Sie sich, nachdem Sie Ihre Lieblingsaktivitäten aufgelistet haben, folgende

Fragen:

1. Wo nutzen Sie schon diese Talente bei der Arbeit?

2. Wie könnten Sie Ihre Talente noch mehr anwenden? Konzentrieren Sie sich darauf, wie und wo Sie Ihre Talente noch mehr gebrauchen können.

So, wie es für einen Hasen leichter ist, hoch zu springen anstatt schwimmen zu lernen, so ist es auch für uns einfacher, unsere Talente und Fähigkeiten zu entwickeln statt an unseren Unzulänglichkeiten zu arbeiten.

3. Welchen Vorteil würde das Ihnen, Ihren Kollegen, Angestellten, Kunden, Ihrer Familie, der Gesellschaft bringen?

4. Malen Sie ein Bild oder Symbol Ihres Talentes und hängen Sie das Bild als Gedächtnisstütze in Ihr Büro oder an Ihren Computer. Bitten Sie einen Freund, Ihr »Talent-Manager« zu sein, und überlegen Sie, was er zu Ihrer Unterstützung beitragen kann.

5. Schreiben Sie Ihre Erfolge und Fortschritte in ein Heft. Beschreiben Sie, was Ihnen besonders gut gefällt oder worauf Sie besonders stolz sind.

4. Machen Sie das, was Ihnen guttut

Wenn wir schon nicht kontrollieren können, was mit uns geschieht, können wir kontrollieren, was in uns geschieht.

(Benjamin Franklin)

Viele – auch bedeutsame – Veränderungen entwickeln sich schleichend und werden meist nicht bemerkt, sodass es einfacher ist, sie zu akzeptieren und sich ihnen anzupassen. Plötzliche und unerwartete Veränderungen dagegen rütteln uns drastisch auf. Wie geht es Ihnen, wenn Sie Ihren Flug verpassen, in einen Autounfall verwickelt sind, das Projekt, an dem Sie arbeiten, gestrichen oder jedem fünften Angestellten in Ihrer Firma gekündigt wird.

In solchen Momenten verfällt man in Panik und kann nicht mehr klar, kreativ und rational denken. Wie können Sie Ihr Selbstbewusstsein wieder-erlangen? Zu Beginn hilft es, wenn Sie akzeptieren, dass es normal ist, dass wir gelegentlich in solchen Arbeits- oder Lebenssituationen extrem schnell reagieren müssen.

Physische Aktionen

- Entfernen Sie sich vom Ort der Krise, wenn es Ihnen möglich ist.
- Konzentrieren Sie sich auf Ihren Atem. Nehmen Sie sich genug Zeit, um sich wieder zu beruhigen.
- Richten Sie Ihre Aufmerksamkeit auf das, was Sie jetzt am meisten brauchen. Vielleicht möchten Sie einfach bei sich selbst sein, an die frische Luft gehen, sich hinsetzen, etwas trinken oder einen Freund anrufen.
- Meiden Sie Menschen, die Ihnen nicht helfen können. Lassen Sie sich keine Hilfe aufdrängen, die Sie nicht brauchen. Teilen Sie statt-dessen mit, wie man Ihnen besser helfen kann.
- Helfen Sie anderen.

Mentale Aktionen

- Verurteilen Sie sich nicht: Die Art und Weise, wie Sie in einer akuten Krise reagieren, ist normal. Es ist sinnlos, über die eigene Reaktion verärgert zu sein – das führt nur zu noch mehr Stress.
- Gestatten Sie sich eine Auszeit.
- Richten Sie Ihre Aufmerksamkeit auf etwas oder jemanden anderes
- Bekämpfen Sie negative Gedanken und Gefühle: Schlagen Sie sie mit Argumenten oder gebieten Sie ihnen Einhalt: »Das ist kein nützli-cher Gedanke.«

5. Sprechen Sie freundlich mit sich selbst

Gieße die Blumen, nicht das Unkraut. (Fletcher Peacock)

Uns allen widerfährt Gutes und Schlechtes. Aber die Art und Weise, wie wir uns Dinge erklären, verändert unser Fühlen und Handeln ganz gewaltig. In seinem Buch »Die Macht der guten Gefühle: Wie eine positive Haltung Ihr Leben dauerhaft verändert«, enthüllt Martin Seligman das Geheimnis der Optimisten. Sie verinnerlichen die positiven Dinge (Ich habe das gut gemacht!) und betrachten sie als einen mehr oder weniger andauernden Zustand (Es ist meine Begabung!). Sie objektivieren schlechte Dinge (Die Umstände waren für mich nicht optimal!) und betrachten sie als einen vorübergehenden Zustand (Ich hatte heute Pech!). Untersuchungen haben gezeigt, dass Optimisten in den meisten Bereichen erfolgreicher sind. Und Optimismus können wir lernen.

> *. Untersuchungen haben gezeigt, dass Optimisten in den meisten Bereichen erfolgreicher sind. Und Optimismus können wir lernen.*

Drücken Sie sich selbst gegenüber Wertschätzung aus

Sich selbst regelmäßig wertzuschätzen, ist der erste Schritt zu einer Veränderung.

- Erinnern Sie sich ab und zu: »Ich erweise der Welt keinen Gefallen, wenn ich mein Licht unter den Scheffel stelle.«
- Schauen Sie mit Respekt in den Spiegel und sagen Sie sich: »Das bin ich. Ich bin mit mir zufrieden.«
- Schauen Sie in den Spiegel, auch wenn Sie enttäuscht sind, und sagen Sie sich: »Netter Versuch, beim nächsten Mal wird es besser.«
- Sagen Sie sich: »Ich beschließe, mich gut zu fühlen.«
- »Ich kann so sein, wie ich bin, und muss mir nichts beweisen.«
- »Ich weiß, dass ich für alles, was sich mir in den Weg stellt, eine Lösung finde.«

- »Ich lebe heute. Ich entscheide mich, den Tag zu genießen, mein Leben ist so, wie es ist.«
- »Ich muss nicht perfekt sein. Ich liebe mich so, wie ich bin.«

Machen Sie sich selbstmotivierende Listen

- Listen Sie alles auf, worauf Sie in Ihrem Leben stolz sind. Wie haben Sie Ihre Fähigkeiten erkannt? Welche Talente haben Sie genutzt?
- Listen Sie alles auf, was Sie gut können. Welche Vorteile bringen diese Eigenschaften Ihnen und anderen?
- Listen Sie auf, was Ihre Familie und Freunde an Ihnen schätzen. Wie haben Ihre Familie und Freunde Ihre guten Seiten bemerkt? Was haben Familie und Freunde gesehen, was Sie tun?

Tragen Sie diese Listen bei sich. Sie werden Ihnen in trüben Stunden helfen.

Feiern Sie Ihre Siege

Wir sind eine unglaublich starke Spezies. Seit Tausenden von Jahren passen wir uns erfolgreich an. Jeder von uns hat es geschafft, mit einer oder mehreren Schwierigkeiten oder Verlusten fertigzuwerden.

Denken Sie an ein Unglück in der Vergangenheit, das Sie überstanden haben:

- Wie haben Sie das gemacht?
- Was hat Ihnen dabei geholfen?
- Wer hat Ihnen dabei geholfen?
- Welche Eigenschaften haben Sie dabei an sich entdeckt?

Stellen Sie sich vor:

- Was wäre anders, wenn Sie mehr dieser Eigenschaften hätten? Wie würden Sie sie bemerken?
- Wie könnten Sie diese bei aktuellen Herausforderungen und Prüfungen nutzen?
- Wie könnte das für andere nützlich sein?

Familien-Ressourcen

- Welche Stärken und Vorzüge haben Ihre Familienmitglieder? Wie agieren sie und wie zeigen sie in schweren Zeiten (Krieg, Niederlage, Rückschlag) Resilienz?

- Was davon erkennen Sie auch bei sich selbst?

4. Gehen Sie einen ersten Schritt

Lassen Sie sich von Dingen, die Sie nicht erledigen können, bei Dingen, die Sie erledigen können, nicht stören. (Markus Wooden)

Viele große Veränderungen fangen ganz klein an. Sobald Sie sich bewegen, haben Sie schon den größten Schritt getan. Die Taoisten sagen: »Auch eine 1000 Meilen weite Reise beginnt mit dem ersten Schritt.« Wenn Sie sich festgefahren, gelähmt oder niedergeschlagen fühlen: Tun Sie etwas. Irgendetwas! Es kann sehr hilfreich sein, wenn Sie sich aus der Umklammerung der Negativität befreien. Sie könnten z. B. persönlich zum Kollegen gehen, anstatt ihm eine E-Mail zu schreiben, Sie könnten sich einen Kaffee oder Wasser holen, spazieren gehen, Gymnastik machen, eine leichte Routinetätigkeit ausführen, Ihren Schreibtisch aufräumen. Wenn Sie mit Dingen konfrontiert werden, die Sie nicht kontrollieren können, kann es für Sie aufbauend sein, wenn Sie sich auf das konzentrieren, was Sie im Griff haben.

> *Wenn Sie sich festgefahren, gelähmt oder niedergeschlagen fühlen: Tun Sie etwas. Irgendetwas!*

1. Vereinfachen Sie Ihr Leben.
2. Vereinbaren Sie einen Aufräumtag.
3. Schaffen Sie sich eine anregende Arbeitsumgebung.
4. Genießen Sie die Natur.
5. Selbstcoaching: Entwickeln Sie gute Alltagsgewohnheiten.
6. Bewegen Sie Ihren Körper, dehnen Sie Ihren Geist.
7. Entschleunigen Sie.
8. Notfallkoffer.

1. Vereinfachen Sie Ihr Leben

Weniger ist mehr. (Ludwig Mies van der Rohe)

Es gibt Zeiten, in denen man einfach aufgeben will. In solchen Zeiten ist ein gesunder Selbsterhaltungstrieb von äußerster Wichtigkeit. Stellen Sie sich die Frage, wie Sie Ihr Leben vereinfachen können.

Weniger tun

Wenn es Zeit ist, sich um sich selbst zu kümmern, sollten Sie Grenzen ziehen. Überlegen Sie, was Sie in diesem Moment streichen können, um mehr Zeit (oder Raum) für sich zu gewinnen. Wenn Ihre Freizeit stressig wird, lehnen Sie die Einladung einfach ab.

Reduzieren Sie Ihre Verpflichtungen

Seien Sie in diesen schweren Zeiten netter zu sich. Wenn Ihr Tag nur mit Verpflichtungen ausgefüllt ist, bauen Sie zu viel innere Anspannung auf. Wählen Sie Dinge aus, die Sie tun »möchten« anstelle von Dingen, die Sie tun »müssen«. Ermuntern Sie sich selbst: »Ich möchte meinen Schreibtisch aufräumen, ich möchte einen Termin mit meinem Chef machen, ich möchte diesen Brief versenden.« Seien Sie sich bewusst, dass Sie selbst entscheiden können, diese Dinge zu tun. Bringen Sie die Dinge hinter sich, Sie werden erleichtert sein.

Weniger haben

Es hört sich verrückt an, aber weniger Besitz kann Sie glücklicher machen. Wenn Sie weniger besitzen, haben Sie weniger Sorgen, weniger, um das Sie sich kümmern müssen, und vielleicht weniger Bedürfnisse. Weniger Bücher, weniger Kleidung, weniger Möbel geben Ihnen mehr Raum, mehr Freiheit, mehr Frieden.

Fragen Sie sich beim Einkaufen: Ist das ein absolutes Muss? Bin ich davon so begeistert, dass ich ohne dieses Ding nicht mehr leben kann? Habe ich dafür Platz in meinem Haus?

Versuchen Sie die Dinge, die Sie nicht mehr gebrauchen oder an denen Sie nicht mehr hängen, wegzugeben. Schaffen Sie Platz. Beim Aufräumen werden Sie Ruhe und Stille in Ihrem Haus und in Ihrem Kopf erfahren.

Weniger wollen

Wenn Sie immer mehr wollen, sind Sie nie zufrieden und erfüllt. Konzentrieren Sie sich auf das, was Ihnen Freude bringt. Wenn Sie immer darüber nachdenken müssen, was Ihnen fehlt, vergessen Sie zu genießen, was Sie haben und was Sie vermissen würden, wenn Sie es nicht mehr hätten. Seien Sie dankbar und genießen Sie alles, was Sie haben und was Ihnen Freude bringt. Die Kollegen, die Sie mögen, die Stabilität und die Herausforderungen, Ihr eigener Platz im Büro, die Möglichkeiten, zu wachsen und sich zu entwickeln.

Weniger erwarten

Menschen werden Ihren Anforderungen niemals vollkommen entsprechen. Vielleicht haben Sie mehr Achtung, Interesse und Hilfe erwartet. Wenn Sie Ihre Erwartungen herabschrauben oder sie realistischer machen, werden Sie seltener enttäuscht. So können Sie das genießen, was Sie haben und von anderen erhalten.

Weniger voraussetzen

Die beste Art zuzuhören ist, zunächst einmal von seinen vorgefassten Meinungen Abstand zu nehmen und sich nicht innerlich daran festzuhalten. Sie können dann mit einem offenem Ohr und einem offenen Geist zuhören, sehen neue Perspektiven und verstehen, was für den anderen wichtig ist. Weniger vorauszusetzen, bedeutet, präsent und real zu sein, im Hier und Jetzt Möglichkeiten zu sehen. »*Im Geist des Anfängers gibt es viele Möglichkeiten, im Geist des Experten nur einige.*« (Zen-Meister Shunryo Suzuki). Sie sparen so Energie, sind aufmerksamer, authentischer und ehrlicher.

2. Vereinbaren Sie einen Aufräumtag

Gute Absichten nützen nichts. Was zählt, sind Taten.

Entlarven Sie Energiefresser

Wenn Ihr Zimmer, Ihr Haus oder Ihr Auto zugemüllt sind, verschwenden Sie mentale Energie. Die Überstimulierung laugt Sie aus. Sie verschwenden Zeit, weil Sie das, was Sie suchen, nicht finden können. Sie können sich kaum auf Ihre Tätigkeiten konzentrieren. Sie durchstöbern denselben Mail-Stapel zum siebten Mal. Ihr Regal ist vollgestopft mit verstaubten, alten Prospekten, die Sie seit Jahren nicht angeschaut haben.

Anscheinend ist nie genug Zeit für eine gründliche Reinigung. Oberflächlich sieht Ihr Schreibtisch nach einem kurzen Wisch ordentlich und sauber aus, aber tatsächlich haben Sie nur die Stapel entfernt und Ihre Schubladen sind immer noch vollgestopft.

Teilen Sie Ihre Last mit anderen

Stellen Sie sich vor, Sie haben nur das, was Sie strenggenommen brauchen. Stellen Sie sich perfekte Organisation vor, keine verlorengegangenen Papiere oder Dinge. Stellen Sie sich vor, Sie brauchen sich nur auf das zu konzentrieren, womit Sie im Moment beschäftigt sind. Es würde Sie befreien und eine Menge an Zeit und Energie freisetzen. Wenn Sie diese Aussicht reizt, versuchen Sie folgendes:

> **Vorbereitung:** Listen Sie alles auf, was Sie stört: Schubladen, Schränke, Ecken an Ihrem Arbeitsplatz und in Ihrem privaten Umfeld. Beginnen Sie mit dem Dringlichsten und enden Sie mit dem Unbedeutendsten.
>
> Gründen Sie eine »Aufräumgruppe«. Rufen Sie gute Freunde an, die sich auch über das unnütze Zeug ärgern. Verabreden Sie einen Zeitpunkt zum Aufräumen oder für andere nervige Aufgaben.
>
> **Start:** Rufen Sie jedes Mitglied Ihrer Aufräumgruppe am vereinbar-

ten Tag an, unterstützen Sie sich gegenseitig oder richten Sie einen Chatroom ein. Teilen Sie einander Ihre Vorhaben mit und verabreden Sie einen Zeitpunkt, an dem Sie mit dem Aufräumen aufhören und einander wieder anrufen wollen. Zwei Stunden sollten genügen, um Berge zu versetzen. Teilen Sie den anderen mit, was gut geklappt hat, was nützlich war und was Sie beim nächsten Mal anders machen würden. Wiederholen Sie diesen Prozess beim nächsten Hausputz.

Party! Wenn der Tag vorbei ist, haben Sie allen Grund, sich selbst und Ihre Freunde zu belohnen. Vereinbaren Sie schon vorher, wie Sie Ihren Sieg über das Gerümpel feiern wollen.

3. Schaffen Sie sich eine angenehme Arbeitsumgebung

Wenn Sie sich von alten Verhaltensmustern verabschieden möchten und einen neuen Blickwinkel auf Ihr Leben, Ihre Arbeit und Ihre Bedenken erhalten möchten, ist es von Zeit zu Zeit wichtig und nützlich, die tägliche Routine zu verlassen und das Arbeitsumfeld zu verändern.

Wenn das nicht machbar ist oder wenn Ihr nächster freier Tag noch zu weit entfernt ist, kann es schon hilfreich sein, eine Kleinigkeit an Ihrem Arbeitsplatz oder in Ihrer Umgebung zu verändern. Stellen Sie Möbel um, bringen Sie Farbe in Ihr Büro, räumen Sie Ihren Schreibtisch auf, um ihn ansprechend zu gestalten, oder sorgen Sie für bessere Beleuchtung. Die Veränderung Ihrer Umgebung stimuliert Ihren Geist und ermutigt Sie, Dinge anders zu sehen. Ihre Umgebung beeinflusst Ihren Geist subtil und unbewusst.

> *Von Zeit zu Zeit ist es wichtig und nützlich, die tägliche Routine zu verlassen und das Arbeitsumfeld zu verändern.*

Was auf Ihrem Schreibtisch steht, nimmt unvermeidlich Ihre (mentale) Aufmerksamkeit in Anspruch. Ein aufgeräumter Schreibtisch führt dazu, dass auch Ihr Geist aufgeräumt ist. Sie sind weniger verwirrt und konzentrierter. Ihre Energie steigt.

Wie warm oder wie kühl ist es an Ihrem Arbeitsplatz? Wenn Sie die Temperatur nicht selbst beeinflussen können, kann es wichtig sein, sich der Temperatur entsprechend zu kleiden. Achten Sie darauf, nicht zu schwitzen oder zu frieren. Ein Lagenlook ist hilfreich, da Sie sich einfacher der Umgebungstemperatur anpassen können.

Manche mögen Musik bei der Arbeit. Sie stimuliert die Kreativität und verbreitet gute Laune. Wenn das auch etwas für Sie ist, sorgen Sie dafür, dass Sie gelegentlich Musik im Hintergrund hören können. Mit Kopfhörern stören Sie die anderen nicht.

Verändern Sie Ihr mentales Umfeld. Lesen Sie gelegentlich andere Bücher als sonst, experimentieren Sie mit anderen Autoren oder Genres. Wechseln Sie Ihre üblichen Zeitungen und Zeitschriften. Lassen Sie sich von neuen Menschen inspirieren. Schätzen Sie neue Perspektiven.

4. Genießen Sie die Natur

Wenn Sie mitten im Sumpf turbulenter Veränderungen bei der Arbeit oder im privaten Leben stecken, ist die Natur der perfekte Ort, sich mit seinem inneren Ich und seinem eigenen Rhythmus neu zu verbinden. Die Farben, Gerüche, Geräusche und die klare Luft können die Balance zurückbringen und die Gesundheit auf Vordermann bringen.

Wenn Sie sich regelmäßig in der Natur aufhalten, spüren Sie den Wechsel der Jahreszeiten und seinen großen Einfluss. Sie bemerken, wie Sie selbst im Rhythmus von Anspannung und Entspannung, Ebbe und Flut, Tag und Nacht mitschwingen. Dieser Wechsel und diese Bewegung können Ihre Resilienz stärken und Sie in den natürlichen Zyklus von Planen, Durchführen, Ernten, Bewerten und Lernen bringen. Jeder Zyklus erneuert und

Farben, Gerüche, Geräusche und die klare Luft können die Balance zurückbringen.

verwandelt Sie in einen komplexeren, reiferen und der Umgebung gut angepassten Menschen.

Aktion

- Gehen Sie so oft wie möglich ins Freie, erleben Sie die Natur, betrachten Sie die Farben, die Veränderungen, die Ausblicke, die Strukturen der Baumrinde, die Adern eines Blattes, die Blumen. Nehmen Sie wahr, wie jede einzelne Jahreszeit duftet. Genießen Sie den Duft von Gras und Bäumen nach dem Regen, den Duft von frisch geschnittenem Rasen, die warme Erde. Hören Sie dem Plätschern des Baches zu, dem Gesang der Vögel, dem Rauschen der Wellen, und lassen Sie sich von den Eindrücken durchfluten.

- Wenn Sie einen Garten haben, genießen Sie die heilsame Wirkung beim Umgraben, die Freude über das neue Leben. Kosten Sie die Natur. Machen Sie Ihren Kopf frei und blenden Sie das Geplapper in Ihrem Kopf aus. Fühlen Sie den Nachhall der Natur in Ihrem Leben und Ihrer Entwicklung. Spüren Sie, wie der Geruch des Gartens heilend auf Ihren Geist wirkt und werden Sie sich Ihres eigenen natürlichen Lebensraums bewusst.

- Wenn Sie Sport mögen, können Sie sich dem Kampf mit der rauen Natur stellen: Sie können Grenzen überwinden, sich Ihren eigenen Ängsten stellen, indem Sie sich selbst zu einem harten Marsch, Wildwasser-Rafting oder Zelten in der Natur herausfordern. Wenn Sie lernen, mit den Gefahren der Natur umzugehen, stärken Sie Ihre Resilienz, Ihre Energie und Ihr Selbstbewusstsein. Viele Menschen erfahren so tiefe Befriedigung und Frieden.

- Genießen Sie die tägliche Gleichförmigkeit in der Natur: Öffnen Sie ein Fenster und lassen Sie die Natur in Ihr Leben, atmen Sie die frische Luft. Laufen Sie im Tau, bevor Sie frühstücken oder Sport treiben. Fahren Sie mit dem Rad zur Arbeit oder zum Einkaufen. Planen Sie einen Abendspaziergang zu einem ruhigen Platz ein: einem Park in der Nachbarschaft, einem nahegelegenen Wald oder einem Weg am Strand.

- Wenn Ihr Kopf überquillt, machen Sie kurz Pause und visualisieren die Natur. Stellen Sie sich die ruhige Magie ziehender Wolken vor, fühlen Sie den warmen Sand, hören Sie das Dahinplätschern des Flusses, das sanfte Flüstern des Winds und spüren Sie, wie gut Ihnen das tut.

5. Selbstcoaching: Entwickeln Sie gute Alltagsgewohnheiten

Unsere Beziehungen zur Welt werden größtenteils von unseren Beziehungen zu uns selbst bestimmt. (Greg Anderson)

Werden Sie resilienter: Der Trick ist, einige alltägliche Gewohnheiten zu verändern und besser für uns selbst zu sorgen.

Sind Sie mit Ihren täglichen Gewohnheiten unzufrieden? Wenn Sie einen guten Coach oder einen guten Freund haben, sollten Sie ihn bitten, Ihnen beim Verbessern Ihrer Schlaf- und Essgewohnheiten zu helfen. Oder vielleicht entscheiden Sie sich, selbst Ihr bester Freund zu sein: Nehmen Sie sich Zeit und fragen sich selbst, welche kleinen Fortschritte Sie machen können, um gesünder zu leben.

Wunsch nach Veränderung

- Was ist mein Problem?
- Auf welche Weise ist das ein Problem für mich?
- Was sagt mir, dass es Zeit für Veränderung ist?

Die perfekte Situation

- Angenommen, mein Problem ist gelöst, was ist anders?
- Wie würde ich das bemerken?
- Was würde ich anders machen; wovon würde ich mehr machen?
- Was würde ich nicht mehr machen?
- Was würden andere bemerken?

Fortschritte machen

- Was sagt mir, dass »besser« tatsächlich möglich ist?
- Wann war das letzte Mal, dass ich gemerkt habe, dass meine Situation ein bisschen besser ist?
- Wie habe ich es in der Vergangenheit geschafft, ähnliche Probleme zu lösen?
- Was hat damals gut funktioniert?

Kleine Schritte machen

- Was ist das erste Anzeichen, das mir sagt, dass ich Fortschritte mache?
- Was zeigt mir noch, dass ich mich in die richtige Richtung bewege?
- Was ist der erste kleine Schritt, den ich jetzt sofort machen kann?

6. Bewegen Sie Ihren Körper, dehnen Sie Ihren Geist

Vergessen Sie Sicherheit. Leben Sie dort, wo Sie sich fürchten zu leben. Zerstören Sie Ihren guten Ruf. Seien Sie berühmt-berüchtigt.

(Jelaluddin Rumi)

Resilienter zu werden ist wie Muskeln aufzubauen. Es passiert nicht über Nacht; Sie brauchen langsam gesteigertes Training und Ausdauer. Wenn Sie regelmäßig Veränderungen ausgesetzt sind, befinden Sie sich in ständiger Bewegung und sind flexibel und elastisch. Wenn aber alles in Ihrem Leben vor sich hindümpelt und Sie sich kaum aus Ihrer Komfortzone herausbewegen müssen, haben Sie keine Gelegenheit, sich in Veränderungen zu üben. Aufgepasst! Während Sie gerade einnicken, verlieren Sie Ihre Reaktionsfähigkeit. Haben Sie schon einmal die Bewegungen eines guten Tennisspielers beobachtet? Weil

> *Resilienter zu werden ist wie Muskeln aufzubauen. Es passiert nicht über Nacht; Sie brauchen langsam gesteigertes Training und Ausdauer.*

er sich fortwährend bewegt, ist er in der Lage, auch unerwartete Bälle zurückzuschlagen. Sie werden ihn kaum ruhig dastehen sehen. Für ihn ist es hilfreich, jederzeit vorbereitet zu sein, um den Ball richtig zu treffen.

1. Bewegen Sie Ihren Körper

Wenn Sie Ihren Körper bewegen, wird er stärker, und Sie bleiben souverän, wenn unerwartete Situationen auftreten. Sie aktivieren wichtige physiologische Prozesse, z. B. Muskelaufbau, Sauerstofffluss, Stoffwechsel, und Sie fühlen sich stärker und fitter. Wenn Sie sich viel bewegen, können Sie besser mit physischer und mentaler Beanspruchung umgehen, da Ihr Körper und Geist miteinander verbunden sind.

2. Dehnen Sie Ihren Geist

Ihren Geist zu dehnen, bedeutet, Ihren Geist wach zu halten, offen für andere Meinungen, neue Ideen, neue Informationen und neue Perspektiven zu sein. Seien Sie nicht störrisch wie ein alter Esel, der nur seinen eigenen Blickwinkel kennt. Seien Sie neugierig darauf, andere Ansichten und Argumente wirklich zu verstehen. Dann können Sie Ihre Ideen an das anpassen, was Sie gehört und verstanden haben. Sie lernen von anderen und stellen Ihr Urteil über sich und andere hinten an, weil Sie wissen, dass sich alles in einem ständigen Wandel befindet, auch Sie selbst und Ihre eigenen Kompetenzen.

Aktion

Wie können Sie scharfsinnig und flexibel bleiben? Was kostet Kraft, lohnt sich aber? Was erschreckt Sie? Laufen Sie nicht vor Ihren Ängsten davon, sondern überwinden Sie sie, indem Sie sich ihnen in kleinen Dosen stellen. Wenn Sie Platzangst haben, nehmen Sie z. B. ab und zu den Fahrstuhl. Wenn Sie ungerne allein sind, unternehmen Sie allein einen schönen Ausflug. Wenn Sie ungern unter Menschen sind, melden Sie sich bei einem tollen Seminar an. Trainieren Sie sich selbst, indem Sie sich täglich einer (kleinen) Herausforderung stellen.

Weitere Vorschläge für noch mehr Aktion

- Schieben Sie vor dem Frühstück drei Minuten Gymnastik ein und machen Sie dies zu einer gesunden Angewohnheit.

- Nutzen Sie Ihr Wochenende, um vom Sofa runterzukommen, gehen Sie raus, auch wenn es nur für eine halbe Stunde ist.

- Unterhalten Sie sich mit Menschen, die anders sind als Sie, und versuchen Sie, deren Sichtweise zu verstehen.

- Suchen Sie neue Freunde, testen Sie neue Hobbys, lesen Sie Bücher, die nichts mit Ihrem Beruf zu tun haben.

- Fahren Sie alleine in Urlaub oder nehmen Sie eine Familienpause, beobachten Sie, was passiert, und entdecken Sie neue Seiten an sich

- Verlassen Sie die Komfortzone: Probieren Sie neues Essen, springen Sie ins Wasser, auch wenn es kalt ist.

- Verändern Sie Ihre Gewohnheiten: Nehmen Sie einen neuen Weg ins Büro, probieren Sie ein neues Geschäft aus, einen neuen Kleidungsstil, eine neue Frisur.

7. Entschleunigen Sie

>>Nichts ist wertvoller als der heutige Tag.<< (Goethe)

Wie ist Ihre Einstellung zu Zeit? Arbeiten Sie gegen die Zeit an? Müssen Sie an zwei Orten gleichzeitig sein? Ist Ihre To-do-Liste endlos? Oder haben Sie Ihr Leben unter Kontrolle? Wenn Sie nur durch Ihr Leben hetzen, werden Sie niemals genug getan haben und Sie werden nie mit dem zufrieden sein, was Sie haben.

Wenn Sie sich ausschließlich auf die Aufgabe konzentrieren, können Sie sich auf das fokussieren, was nötig ist, und Sie können Nebensächliches beiseite lassen.

Wenn Sie konzentriert und besonnen, statt gehetzt arbeiten, können Sie Ihre Aufgaben effizient und schnell erledigen. Wenn Sie sich ausschließlich auf die Aufgabe konzentrieren, können Sie sich auf das fokussieren, was nötig ist, und Sie können Nebensächliches beiseite lassen.

Tipp

- Machen Sie eine »Dinge-die-ich-bereits-erledigt-habe-Liste«. Anstatt sich immer nur auf die To-do-Liste zu konzentrieren, dürfen Sie aus den Dingen, die Sie bereits vollbracht haben, Zufriedenheit schöpfen.

- Akzeptieren Sie Ihre Grenzen. Sie können nur Ihr Bestes geben. Fokussieren Sie sich auf das, was sie bisher geschafft haben, anstatt auf das, was nicht. Akzeptieren Sie, dass manche Dinge Zeit und Geduld brauchen.

- Tun Sie, was Sie tun können. Bill O'Hanlon schrieb: »Was der Mühe wert ist, ist auch wert, zur Hälfte getan zu werden.« Manchmal haben wir die Neigung, wichtige Dinge hinauszuschieben, nur um schließlich festzustellen, dass wir Sie nicht erledigt haben. Bevor Sie gar nichts tun, ist es besser, das fertigzustellen, was sie begonnen haben – und zwar in dem Ausmaß, in dem es für Sie möglich ist.

- Entdecken Sie Zeitfresser. Es ist unglaublich, wie wir Zeit verschwenden, wie viele Stunden am Tag wir in »Trance« sind. Wir sind in unsere Lieblingsseiten im Netz versunken, wir schauen Fernsehen usw., und wir verlieren die Zeit aus den Augen.

- Werden Sie aktiv. Nehmen Sie sich die Zeit, Ihre Zeitfresser zu entlarven. Überwachen Sie, wie viel Zeit Sie am Tag verplempern. Kleben Sie dort, wo Sie Zeit verplempern, einen Notizzettel hin. Immer wenn Sie ihn sehen, können Sie entscheiden, ob Sie Ihre Zeit für wertvollere und nützlichere Dinge verwenden möchten.

8. Notfallkoffer

Wenn Sie mit unvorhergesehenen Ereignissen konfrontiert werden, können Sie von allen möglichen Empfindungen überrollt werden (Zittern, Herzklopfen, Kloß im Hals, schweißige Hände, Erbleichen). Ihre Emotionen nehmen überhand, und es wird schier unmöglich, sie zu kontrollieren. Wir laden Sie ein, einige sehr wirkungsvolle Techniken auszuprobieren, die starke Emotionen neutralisieren.

Atmung: bei intensiven Emotionen, wenn Sie angespannt oder gestresst sind

Fokussieren Sie sich ganz bewusst auf Ihre Atmung. Sie müssen nicht auf eine besondere Art und Weise atmen; Sie sollen sich nur Ihrer Atmung bewusst werden. Atmen Sie ruhig ein und aus. Beim Einatmen atmen sie Positives ein, beim Ausatmen lassen Sie Positives heraus. Sollten Ihre Gedanken abdriften, versuchen Sie, sich wieder auf den Rhythmus der Atmung zu konzentrieren. Führen Sie diese Übung durch, bis Sie sich ruhiger fühlen.

Schmetterlingsübung: bei intensiven Emotionen

Kreuzen Sie Ihre Arme vor der Brust und legen Sie Ihre Hände auf Ihre Schultern. Ihre linke Hand liegt auf der rechten Schulter und umgekehrt. Klopfen Sie abwechselnd auf die rechte und die linke Schulter. Imitieren Sie einen Laufrhythmus. Sie werden feststellen, dass es Sie beruhigt. Es kann auch helfen, wenn Sie die Arme über den Beinen kreuzen und abwechselnd leicht auf die Knie klopfen.

»5-4-3-2-1«: bei Angst, bei Schlaflosigkeit, wenn Sie gestresst sind

Die 5-4-3-2-1-Methode kann für Sie nützlich sein, wenn Sie unruhig und ängstlich sind, wenn Sie Schwierigkeiten beim Einschlafen haben oder wenn Sie grübeln.

Nehmen Sie eine entspannte Sitzposition ein und konzentrieren Sie sich auf fünf Dinge, die Sie sehen können. Merken Sie sie sich still. Als Nächstes konzentrieren Sie sich auf fünf Dinge, die Sie hören können, und schließlich auf fünf Dinge, die Sie fühlen können. Wenn Sie das getan haben, fokussieren Sie sich auf vier Dinge, die Sie sehen, hören, fühlen können. Und so weiter. Wenn Sie keine neuen Dinge finden können, nehmen Sie die Dinge, auf die Sie sich bereits konzentriert hatten. Machen Sie mit der Übung weiter, bis Sie nur noch ein Ding haben. Sie werden feststellen, dass die Übung einen beruhigenden Effekt hat. Noch wirkungsvoller kann es für Sie sein, die Übung zu wiederholen.

Wir haben diese Übung bei Dr. Luc Isebaert am Korzybski Institut, Brügge, Belgien, kennengelernt. Erfunden wurde sie von Betty Alice Erickson.

Musik

Musik kann Ihr emotionales Wohlgefühl beeinflussen. Sie kann Ihnen einen enthusiastischen Schub vor einem Wettkampf, einer Aufführung oder einer schwierigen Aufgabe geben, indem sie bestimmte chemische Substanzen im Gehirn freisetzt. Klassische Musik hat denselben beruhigenden Effekt wie eine kleine Dosis Valium. Suchen Sie sich die Musik aus, die Sie in die perfekte Stimmung versetzt.

Teil 2: Resiliente Teams

Einleitung

Beim Ausbruch der Finanzkrise 2007 konnten wir mit einer Gruppe von Finanzexperten einer Bank arbeiten. Wir wurden Zeugen, wie sie gelassen und professionell auf die Finanzkrise reagierten. Sie schafften es, ruhig zu bleiben und weiterhin in einer sehr entspannten und unverkrampften Art miteinander zu arbeiten. Sie machten Witze, hielten die Stimmung aufrecht und erzählten trotzdem sehr offen von ihren Ängsten und Befürchtungen. Dabei relativierten sie die Schwierigkeiten, rückten sie ins rechte Licht und betrachteten die Sachlage rational. Wir konnten beobachten, dass sie sich regelmäßig miteinander besprachen, und zwar schnell und fokussiert und immer dann, wenn sich die Situation veränderte. Ihr Chef war involviert und präsent. Bei den Meetings band er jeden seiner Mitarbeiter mit ein und ermunterte alle, Antworten und Lösungen zu finden. Spezielle Probleme wurden in Expertenteams behandelt, und das Wissen jedes Mitglieds wurde maximal genutzt.

Das Geheimnis gut funktionierender, belastbarer Teams liegt in der Qualität der Interaktion.

Belastbare Teams

Das Geheimnis gut funktionierender, belastbarer Teams liegt in der Qualität der Interaktion. Das Team ist sich bewusst, dass es sowohl dem ganzen Team als auch dem Teamergebnis hilft, gute Laune und Zuversicht aller Mitglieder hochzuhalten.

Teammitglieder in resilienten Teams

- helfen jedem, erfolgreich zu sein,
- wertschätzen einander,
- möchten mehr über die Meinung des anderen wissen,
- möchten konstruktives Feedback geben und erhalten,
- haben Spaß und Humor bei der Arbeit,
- coachen Kollegen, die Schwierigkeiten haben,
- suchen weiterhin gemeinsam nach Lösungen und positiven Ergebnissen,
- sind bereit, ihre eigene Meinung zu ändern,
- vermeiden keine Konflikte, sondern nutzen den Reichtum der Meinungsunterschiede, die in einer Debatte auftauchen, um Themen tiefgreifender zu diskutieren,
- helfen einander, kreativ und erfolgreich zu sein,
- sind begierig, zusammen zu lernen,

Teams begegnen verschiedenen Herausforderungen. Zunächst einmal haben die Menschen in vielen Teams sich nicht selbst ausgesucht, zusammenzuarbeiten. Außerdem sind viele Teams international aufgestellt und müssen in virtuellen Meetings mit Menschen unterschiedlichster kultureller Herkunft kommunizieren. Der verkürzte Lebenszyklus von Produkten sowie interner und externer Wettbewerb drängen sie dazu, sich selbst auf einer dauerhaften Basis neu zu erfinden. Der Arbeitsdruck kann so hoch sein, dass die Angestellten mit Überstunden, unvollendeter Arbeit oder niedrigerer Arbeitsqualität umgehen müssen.

Nichtsdestoweniger erwarten viele Manager in solch fordernden Situationen positive Angestellte. Angestellte, die mutig vorangehen und die Probleme anpacken anstatt zu heulen und zu jammern. Sie hoffen, dass Menschen auch in Zeiten der Herausforderung und der Krise ihre Ideen und Ansichten äußern.

Belastbarkeit fördern

Wie wir übereinander, über unsere Organisation oder unser Management reden, hat großen Einfluss auf unsere Wahrnehmung. Hier ein Beispiel aus unserer eigenen Erfahrung:

> *»Letzte Woche hörten meine Kollegen und ich eine Rede eines Vorstandes unserer Firma. Wir waren vollkommen gefesselt. Während der Pause trafen wir einen alten Bekannten, der die Firma vor langer Zeit verlassen hatte. Er teilte unseren Enthusiasmus in keinster Weise, sondern kritisierte die Rede und den Sprecher sehr hart. Ich war hinterher tief getroffen, wie mich dies in der zweiten Hälfte der Rede beeinflusst hatte. Mein Enthusiasmus war verschwunden, ich war kritischer geworden und mehr auf die Unzulänglichkeiten in den Geschichten des Redners fokussiert.«*

Wenn wir viel über Fehler, Misserfolg, Probleme und Schwierigkeiten sprechen, bauen wir eine negative Stimmung auf und verlieren den Mut und die Kreativität, in resilienter Weise zu agieren.

In solch einer Umgebung fühlen sich die Menschen wie Verlierer oder Opfer, und sie zeigen mit dem Finger auf ihre Manager, Mitarbeiter und sich selbst. Wie ein schnell wachsender Virus verfallen sie in eine Problem-Diskussion, fühlen sich als Opfer und besiegt.

> *Wenn wir viel über Fehler, Misserfolg, Probleme und Schwierigkeiten sprechen, bauen wir eine negative Stimmung auf und verlieren den Mut und die Kreativität, in resilienter Weise zu agieren.*

Was wir sagen, wie wir miteinander interagieren, erschafft unsere Realität und deshalb ist es sinnvoll, darüber nachzudenken, welche Interaktionen in unseren Teams und Organisationen die Widerstandskraft, die Resilienz, die Zuversicht und das Zusammengehörigkeitsgefühl stärken und welche eher das Gegenteil bewirken.

Unsere Freundin Kathy McCullough erinnerte uns an eine bekannte Parabel:

Die Nachbarstadt

Eines Tages kam ein Mann an eine Tankstelle auf dem Land und fragte den Tankwart: »Wie sind die Leute in der nächsten Stadt?« Der Tankwart sagte: »Wie waren die Leute in der Stadt, aus der Sie gerade kommen?« »Schreckliche Menschen«, antwortete der Mann. »Grob, kalt, feindlich, schroff und unfreundlich. Sie haben mir noch nicht mal die Uhrzeit sagen wollen.« »Nun«, sagte der Tankwart, »es tut mir leid, dass ich Ihnen das sagen muss, aber Sie werden genau diese Sorte Mensch in der nächsten Stadt finden.«

Kurze Zeit später betrat ein anderer Fahrer, der in dieselbe Richtung wie der erste fuhr, die Tankstelle. »Wie sind die Leute in der nächsten Stadt?«, fragte der zweite Mann. Der Tankwart antwortete: »Wie waren die Leute in der Stadt, aus der Sie gerade kommen?« »Wunderbare Menschen«, sagte der zweite Mann. »Freundlich, warmherzig, hilfsbereit, geduldig, nett. Sie unterbrachen ihre Arbeit, um einem Fremden zu helfen.« »Nun«, sagte der Tankwart, »ich freue mich, Ihnen sagen zu können, dass Sie genau solche Menschen in der nächsten Stadt finden werden.«

Resilienz entsteht, wenn man sich gegenseitig auf konstruktive Art und Weise beeinflusst. Anstatt in einem Teufelskreis schlechter Beziehungen zu stecken, arbeiten Menschen in einer sich bestärkenden und positiven Spirale, einem »Engelskreis«, zusammen und suchen gemeinsam nach Lösungen, um der sich verändernden Umgebung und den neuen Herausforderungen entgegenzutreten. Es ist nicht das Individuum, das den Ausschlag gibt und etwas verändert, sondern eher die vielschichtigen und gut und leicht funktionierenden Beziehungen zwischen Menschen. Wir können viel mehr erreichen, wenn wir den Men-

Eine positive und ehrliche Geste, egal wie unbedeutend, hat immer einen positiven Einfluss auf die Teamarbeit.

schen erlauben, ihre Potenziale auszuschöpfen, besser miteinander umzugehen, wertvolle Gespräche zu führen, sich ihrer Kommunikation bewusst zu sein und ihr Netzwerk auszubauen. Eine positive und ehrliche Geste, egal wie unbedeutend, hat immer einen positiven Einfluss auf die Teamarbeit.

Vier Geheimnisse resilienter Teams

Ein kraftvolles Team ist wie ein Segelboot mit einer großen Mannschaft. Alle wollen das Ziel sicher erreichen. Der Kapitän gibt den Kurs vor, die Matrosen prüfen ständig die Umgebung, sie wissen genau, wie tief das Meer und wie stark der Wind ist, und sie haben ein Auge auf das Wetter. Während sie aufmerksam diese Variablen prüfen, passen sie den Kurs ständig an. Dabei achten sie gut auf das Team, auf die physische und mentale Gesundheit, die gute Stimmung, die Sorgen und Bedürfnisse aller. Sie kümmern sich um die Vorräte an Bord und halten mit Trinkwasser und Lebensmitteln haus. Das Schiff segelt manchmal sanft und schnell, manchmal grob und langsam.

In resilienten Teams beobachten wir genau das Gleiche bei den Teammitgliedern:

1. Sie sind hundertprozentig präsent und verbinden sich mit dem Team.
2. Sie praktizieren »Solution Talk«.
3. Sie passen besonders gut auf sich und andere auf.
4. Sie machen einen kleinen Schritt nach dem anderen.

1. Seien Sie hundertprozentig präsent und verbinden Sie sich mit dem Team

Ein erster wichtiger Schritt zur Steigerung der Resilienz in Ihrem Team ist, eine gute Verbindung zu Ihrem Team zu haben. Sich verbinden bedeutet, dass Sie andere dazu ermuntern, authentisch zu sein, auszudrücken, was sie denken, wünschen und fühlen, während Sie selbst Ihr eigenes Urteil hintanstellen.

 Es gehört Mut dazu, offen und neugierig auf die Geschichten Ihres Gesprächspartners zu sein, besonders, wenn das, was Sie hören, nicht zu Ihrer eigenen Geschichte passt. Zuhören verlangt, loszulassen, was Sie denken und was Sie selber wollen. Es bedeutet, für andere da zu sein. Das chinesische Schriftzeichen für Zuhören enthält nicht nur das Zeichen für Ohr, sondern auch die Zeichen für Augen, ungeteilte Aufmerksamkeit und Herz.

Diese Verbindung mit Ihren Teamkollegen ist entscheidend für die Resilienz Ihres Teams. So können Sie gemeinsam neue Lösungen finden. Das ist niemals leicht, weil es einfacher ist, an der eigenen Meinung festzuhalten. Nur zu gerne ignorieren wir, dass die Meinung anderer von der unseren abweicht, und brechen die Verbindung ab.

»Als Manager habe ich gelernt, mein Team gut zu beobachten. Wenn ich sehe, dass die Türen häufiger als sonst geschlossen sind oder dass sich mehr als eine Person hinter der Tür befinden, ist es mal wieder Zeit für ein kurzes Treffen. Wenn dann etwas Unausgesprochenes im Raum zu stehen scheint, frage ich nach. Ich versuche, herauszufinden, was die Teammitglieder wollen, was besser wäre und was wir dafür tun können. Nach solchen Treffen kommt meist ein erleichterter Mitarbeiter auf mich zu und sagt mir, dass mein Eingreifen eine sehr gute Idee war und wie gut das Gespräch getan hat.« (Zitat eines Workshopteilnehmers)

Keiner lebt alleine auf einer Insel. Verbindung ist notwendig, um den Kurs zu bestimmen, um zu sehen, ob alle an Bord sind, um die Talente aller zu nutzen und um als Team durchzuhalten. Eine gute Verbindung ist viel mehr als verbaler und nonverbaler Kontakt.

Mehr denn je ist man heute durch das Internet verbunden, und manchmal verwechselt man häufige Interaktionen und Informationsaustausch mit realen Begegnungen. Jedoch ist die Qualität des virtuellen Austauschs oft oberflächlich. Wissen Sie wirklich, was Ihre Mitarbeiter und Kollegen tun, was sie beschäftigt, was sie denken? Vergessen Sie nicht, dass einer E-Mail der persönliche Kontakt von Angesicht zu Angesicht, die Mimik und der Ton, die den Ausdruck bringen, fehlen. Der Austausch ist ggf. zeitverzögert, und zu leicht kann man missverstehen, was der andere ausdrücken wollte. Für eine echte Begegnung mit Kollegen bedarf es eines aufrichtigen und ehrlichen Dialogs von Angesicht zu Angesicht.

1. Ihr Team als Schwarm
2. Ersetzen Sie »Ja, aber« durch »Ja, und«
3. Was andere von Ihnen wissen sollten
4. Ihre Rolle und Position im Team

1. Ihr Team als Schwarm

T.E.A.M. = Together Each Achieves More
(Zusammen kommt jeder weiter)

Haben Sie an einem Herbstabend schon einmal Stare tanzen sehen? Tausende schwarze Vögel wirbeln in perfekter Harmonie, tanzen in der Luft. Diese brodelnde Vogelwolke folgt weder einem Anführer, noch folgt sie einer festgelegten Choreografie. Wissenschaftler haben das Geheimnis dieser außergewöhnlichen Formation entschlüsselt, indem sie Filmaufnahmen, die aus verschiedenen Blickwinkeln aufgenommen worden waren, und Computersimulationen von Schwarmbewegungen analysierten. Die Vögel befolgen drei Regeln: 1) kollidiere nicht, 2) sei so

Zufriedenheit in der Teamarbeit entsteht durch die Erkenntnis, dass man gemeinsam mehr erreichen kann als alleine.

81

schnell wie deine direkten Nachbarn und 3) fliege auf die für dich geltende Mitte zu.

Schwärme faszinieren, da das Ganze so viel bedeutender ist als das Einzelne. Kein Raubvogel bleibt für den Schwarm unentdeckt, und umgekehrt ist es für einen Räuber sehr schwer, sich auf einen einzelnen Vogel in einem wirbelnden Schwarm zu fokussieren und ihn zu attackieren. Ameisen können widerstandsfähige Kolonien erbauen. Einzelne Fische sind eine leichte Beute, deshalb tricksen sie die Haie aus, indem sie in Schwärmen schwimmen. Eine Büffelherde, die gerade eines ihrer Kälber verloren hat, rast in das Löwenrudel hinein, um es zu befreien. Die Intelligenz eines Schwarms ist häufig die Summe der geistigen Kraft der Einzelnen. Teams können von den Wundern der Natur viel für ihr eigenes Vorgehen lernen.

Zufriedenheit in der Teamarbeit entsteht durch die Erkenntnis, dass man gemeinsam mehr erreichen kann als alleine. Die Teamdynamik führt zu unerwarteten Höchstleistungen. Einfache Regeln für den Aufbau resilienter Teams sind:

1. Lassen Sie sich ein, verbinden Sie sich, achten Sie darauf, was im Team gerade los ist.

2. Bedenken Sie, dass Sie im Team beides sind: Gast und Gastgeber; Sie geben und nehmen.

Seien Sie ein guter Gastgeber

- Ermuntern Sie zu Dialogen und Interaktionen.
- Machen Sie es den Menschen um sich herum leicht.
- Interessieren Sie sich dafür, was andere inspiriert und was andere vom gemeinsamen Lernen herauspicken.
- Schätzen Sie die Qualität und die Leistung anderer.
- Erkennen Sie an, dass man auf verschiedenen Wegen zum Ziel kommen kann und dass Menschen unterschiedlich arbeiten.
- Versuchen Sie nicht, andere davon zu überzeugen, dass Sie im Recht sind.

Seien Sie ein guter Gast

- Finden Sie heraus, was Sie brauchen, und bitten Sie um Hilfe und Rat. Das ist auch eine Möglichkeit, andere anzuerkennen. Wenn Sie Fragen stellen, zwingen Sie Ihre Gesprächspartner, ihre Gedanken zu formulieren. Das gibt Ihnen und Ihren Gesprächspartnern eine zusätzliche Gelegenheit, zu lernen und sich zu entwickeln.

Wenn Sie Ihre Wirkung auf Ihr Team beurteilen und verbessern möchten, können Sie sich selbst die folgenden Fragen stellen oder sogar ein Gespräch mit einem Teammitglied führen:

- Welche Wirkung haben Sie auf das Team?
- Was tun andere, weil Sie da sind?
- Was könnten Sie tun, um eine noch größere positive Wirkung zu haben?
- Wie würden Sie gerne auf die Gruppe wirken?
- Was tun Sie bereits, das diese Wirkung hat?
- Wovon könnten Sie mehr tun?

2. Ersetzen Sie »Ja, aber« durch »Ja, und«

In der Theorie besteht ein Team aus einer Gruppe von Menschen mit einer Anzahl von Stellenbeschreibungen, die gestellte Aufgaben zu erfüllen haben und an bestimmte Vorgesetzte berichten. Ihre Produktivität wird von To-Do-Listen, Tabellen und Organigrammen orchestriert. Strukturen, Regeln, Verfahrens- und Vorgehensweisen sind für klare und eindeutige Zusammenarbeit hilfreich. Planung hilft dem Team, in der Spur zu bleiben. Aber was ist, wenn Sie sich plötzlich im Zentrum eines unerwarteten Sturms befinden? Das Team sollte talentiert genug sein, um zu improvisieren und auf die Veränderung zu reagieren. Glücklicherweise können Menschen mit Veränderungen umgehen; sie können umgehend auf eine Krise reagieren und nach neuen Lösungen suchen.

Im Improvisationstheater schaffen es die Schauspieler, ohne Vorbereitung eine überzeugende Darstellung abzuliefern. Sie sind darin geübt, sich nicht auf Szenen und Manuskripte zu verlassen, sondern spontan auf alles zu reagieren, das in der Szene passiert. Stellen Sie sich beispielsweise vor, dass die Zuschauer Sie bitten, die Szene »Mutter und Tochter auf der Titanic« zu spielen. Sie haben gelernt, auf das »Angebot« Ihres Mitspielers zu reagieren. Wenn ein Darsteller zum anderen sagt: »Mami, ich möchte ein Eis«, wird der andere umgehend die Rolle der Mutter übernehmen. Er würde z. B. sagen: «Oh Schatz, wie kannst du nur ein Eis haben wollen, wo es doch so kalt ist? Ach, da ist ja der Kapitän: Möchten Sie auch ein Eis?« Und dann übernimmt der dritte Darsteller sofort die Rolle des Kapitäns.

Eine grundlegende Regel des Improvisationstheaters ist, alles zu akzeptieren, was passiert, und darauf aufzubauen. Die Einstellung »Ja, und« birgt viel mehr Möglichkeiten als ihre Gegenteile »Ja, aber« und »Nein, weil«. Die Szene würde auseinanderfallen, wenn der zweite Darsteller entgegnen würde: »Nein, ich möchte die Tochter spielen!«. »Ja, und« ist eine Einladung, gemeinsam weiterzumachen. Sie lassen sich faszinieren, entwickeln Enthusiasmus und erschaffen etwas gemeinsam. »Ja, aber« schlägt die Tür zu und verändert die Richtung. Es lässt unberücksichtigt, was bisher gut ging, und stoppt die Kreativität.

»Ja, und« ist eine Einladung, gemeinsam weiterzumachen. Sie lassen sich faszinieren, entwickeln Enthusiasmus und erschaffen etwas gemeinsam. »Ja, aber« schlägt die Tür zu und verändert die Richtung.

Um diese Akzeptanz zu trainieren, können Sie in Gesprächen damit experimentieren, »Ja, aber« durch »Ja, und« zu ersetzen. Beobachten Sie, wie sich diese kleine Veränderung auf Ihre Gespräche mit den Kollegen auswirkt.

3. Was andere von Ihnen wissen sollten

Keiner kann alleine viel erreichen.

Jede Person, Gruppe, Situation, jedes Problem oder jeder Konflikt ist einzigartig. Demzufolge werden zwei Personen, die ihren Job verlieren, nicht zwangsläufig in gleicher Weise reagieren. Zwei Personen mit einem Burn-out werden ihr Problem nicht notwendigerweise auf demselben Weg lösen. Ein Problem ist niemals universal, sondern ist immer eine individuelle Erfahrung. Peters Lösungen

Stellen Sie für sich fest, was Sie brauchen, um optimal arbeiten zu können, und teilen Sie das Ihren Kollegen klar mit.

unterscheiden sich von Carolines Lösungen. Es könnte sein, dass er resilienter ist, wenn er weniger zu tun hat, Caroline dagegen ist resilienter, wenn sie viel vor der Brust hat. Es entstehen nützliche Unterhaltungen, wenn ein Kollege oder Manager daran interessiert und (ohne Wertung) neugierig ist, wie ein Mitarbeiter seine eigene Lösung entwickelt. Wir mögen verschiedene Präferenzen für unsere Arbeit haben. Wenn Sie wissen, wie Sie gerne und gut arbeiten, lassen Sie Ihre Kollegen wissen, was für Sie die optimalen Bedingungen sind, unter denen Sie Ihr Bestes geben können.

Stellen Sie für sich fest, was Sie brauchen, um optimal arbeiten zu können, und teilen Sie das Ihren Kollegen klar mit. So machen Sie ganz einfach eine Inventur Ihrer Präferenzen: Ziehen Sie sich an einen ruhigen Ort zurück und fragen Sie sich selbst, wie Sie gerne arbeiten würden. Schreiben Sie auf, was für Sie wichtig (oder wichtiger) ist:

- Flexibilität oder Pünktlichkeit?
- Perfekt oder »gerade gut genug«?
- Selbstständiges Arbeiten oder Teamarbeit?
- Das große Ganze im Blick haben oder detailverliebt sein?
- Gute Beziehungen oder gute Ergebnisse?
- Strenge Zeitvorgaben oder Arbeiten im eigenen Tempo?
- Was ist sonst noch für Sie von Bedeutung?

Es hilft, wenn Sie wissen, welche Bedingungen Ihr Kollege und Ihre Kollegin braucht, um gut arbeiten zu können, und wie er oder sie am liebsten arbeitet. Ein besseres Verständnis der Unterschiede zwischen den Menschen hilft Ihnen, jeden Einzelnen mehr wertzuschätzen und auch deutlicher zu kommunizieren, was Ihnen selbst wichtig ist.

Teamaktivität

- Was sollten andere von Ihnen wissen, damit sie besser mit Ihnen arbeiten können?
- Sagen Sie den anderen, was Sie mögen und wie Sie arbeiten möchten.
- Was möchten Sie über die anderen erfahren, um sie besser zu verstehen und wertzuschätzen?
- Fragen Sie sie, wie sie gerne arbeiten möchten.
- Halten Sie Ausschau nach den Stärken jedes einzelnen: Jeder soll glänzen dürfen! Nutzen Sie die komplementären Stärken im Team.

4. Ihre Rolle und Position im Team

Ihre Position und ihre Rolle im Team werden im höchsten Maße von den Rollen und Persönlichkeiten der anderen Teammitglieder beeinflusst. Ebenso haben Ihre Aktionen und Ihre Position einen Einfluss auf die anderen. Kein Team ist genau wie das andere. Wenn Sie das Team wechseln, müssen Sie von Neuem die für sich und das Team beste Rolle und Position finden. Es ist ein vielschichtiges Bild, jedes Mal anders.

Wie steht es um die aktuelle Lage in Ihrem Team? Haben Sie eine Position inne, in der Sie all Ihre Stärken und Talente nutzen können? Oder sind Sie noch dabei, Ihre eigene beste Position zu finden?

Die folgende Übung könnte Ihnen helfen, ein klareres Bild von beidem zu bekommen, von Ihrer Position im Team und von Ihrer Zufriedenheit mit dieser Position. Gehen Sie voran, indem Sie die Initiative ergreifen? Sind Sie eher jemand, der anderen folgt und so zum Erfolg des Teams beiträgt? Beide Möglichkeiten sind gut: Es gibt kein Richtig oder Falsch. Überlegen Sie aber, ob Sie sich in dieser Rolle wohl fühlen.

Wo sind Sie?

Markieren Sie Ihre Position in dem Diagramm mit einem Kreuz:

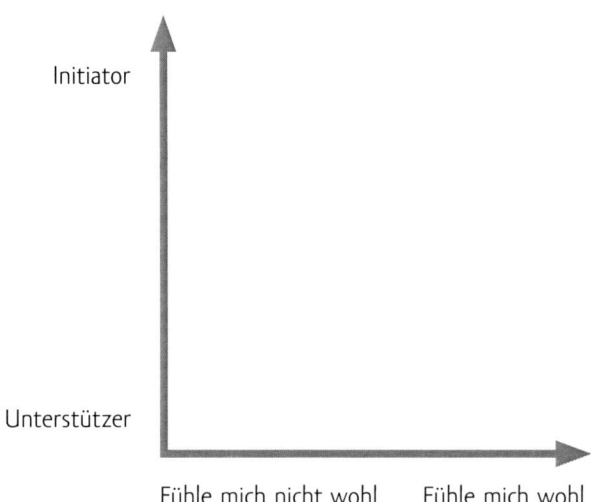

Wo wären Sie gerne?

Wenn sich Ihre Wunschposition von Ihrer aktuellen Position unterscheidet, machen Sie ein zweites Kreuz: Das ist der Platz, an dem Sie sich wirklich wohl fühlen würden.

- Was wäre an Ihrer Tätigkeit anders, wenn Sie dort wären?
- Was wären die Herausforderungen?
- Was würden Sie anders machen?
- Wie würden die anderen reagieren, wenn Sie dort wären?

Teamaktivität

Sie können die eben beschriebene Übung mit dem ganzen Team durchführen.

- Markieren Sie das Diagramm von der Vorderseite auf dem Fußboden, z. B. mit zwei Seilen.

- Geben Sie jedem Teammitglied zwei Karten, jeweils mit einer anderen Farbe und Form. Dann schreibt jeder seinen Namen auf beide Karten und platziert die Karte mit der Farbe A an der Position, die er oder sie im Moment innehat. Die zweite Karte wird dort platziert, wo man gerne wäre.

- Lassen Sie die Teammitglieder in Dreiergruppen ihre Gedanken über die aktuelle und die gewünschte Position austauschen. Die vorstehenden Fragen können Sie als Gesprächsleitfaden auf einem Flipchart notieren.

- Planen Sie Zeit ein, im Plenum zu diskutieren, was die Mitglieder in dieser Übung über sich selbst, über die Positionen und über die Wünsche der anderen erfahren haben.

- Finden Sie heraus, wie Sie einander helfen können, sich wohler zu fühlen.

2. Praktizieren Sie »Solution-Talk«

Gespräche über Probleme schaffen Probleme, Gespräche über Lösungen Lösungen. (Steve de Shazer)

Problemspirale oder Lösungsweg?

Wenn uns jemand ungerecht behandelt, neigen wir dazu, uns auf das unerwünschte Verhalten zu konzentrieren. Wir versuchen, herauszufinden, warum sich derjenige so verhält. Wir beschuldigen den anderen und verteidigen uns selbst. Dies zerstört die Kooperation, und wir geraten in eine Abwärtsspirale.

Um aus der Abwärtsspirale herauszukommen, müssen wir unsere Perspektive ändern und uns auf die Lösung anstatt auf das Problem konzentrieren.

Tom beschwert sich bei Markus über ihre gemeinsame Vorgesetzte Ellen. Er kann ihre Bemerkungen und ihre Art, wie sie sich in jede Entscheidung einmischt und bestimmen will, nicht mehr ertragen. Markus fragt: »Was ist passiert?«, und bekommt einmal mehr eine alte Geschichte zu hören. Ellen hat eine Bemerkung über eine Aufgabe gemacht, die sie ihm gegeben hatte. Tom denkt, dass das ungerechtfertigt ist. Markus stimmt in Toms Gejammer ein und erzählt ihm seinerseits, was er an Ellen nicht mag. Sie kennen ja beide die Situation und verstehen sich gut. Sie überlegen, ob Ellen vielleicht ungerne mit Männern arbeitet. Vielleicht kann sie nicht mit dem Druck umgehen? Vielleicht ist sie nicht für den Posten geeignet? Seinen Gefühlen Luft zu machen, kann Tom zwar in diesem Moment erleichtern, aber es hilft ihm nicht. Im Gegenteil: Seine negative Meinung über Ellen wird lediglich bestätigt. Und auch Markus wird Ellen aus einem anderen Blickwinkel wahrnehmen und sich von ihrem Verhalten mehr stören lassen als zuvor.

Lösungsweg

Wie kommen wir aus der Abwärtsspirale heraus und auf einen Lösungsweg? Dafür müssen wir unsere Perspektive ändern und uns auf die Lösung anstatt auf das Problem konzentrieren.

> Stellen Sie sich vor, Markus fragt Tom: »Was hättest du gerne stattdessen?«
>
> Tom: »Ich hätte gerne, dass sie mir vertraut und mich respektiert.«
>
> Markus: »Woran würdest du das merken?«
>
> Tom: »Nun, sie würde mir genug Zeit geben, meine Aufgaben zu erledigen, und sie würde das Ergebnis anerkennen.«
>
> Markus: »Okay, wann ist das denn schon einmal geschehen, wenigstens auch nur ein bisschen?«
>
> Tom: »Sehr, sehr selten, aber vor einigen Wochen hat sie ...«

Das Gespräch nimmt nun einen anderen Verlauf. Anstatt darüber zu sprechen, was Tom nicht möchte, ist es konstruktiver, darüber zu sprechen, was er möchte. Schon alleine das Sprechen über das, was Sie möchten, kann das Gespräch auf den richtigen Weg bringen – aber das ist nicht genug. Tom würde es wirklich helfen, wenn er wüsste, wie er dorthin käme. Deshalb ist es nützlich, ihn erzählen zu lassen, was er damals anders gemacht hat, als es gut funktionierte.

> Markus: »Was hast du anders gemacht?«
>
> Tom: »Ich habe sie mehr auf dem Laufenden gehalten über das, was ich tue und wie ich an die Aufgabe herangehe.«
>
> Markus: »Was noch?«
>
> Tom: »Ich kann mich erinnern, dass Ellen und ich uns einfach nur über alles Mögliche unterhalten haben. Das hat Spaß gemacht, aber seit sie an einem anderen Schreibtisch sitzt, tun wir das nicht mehr.«

Das Gespräch wird noch nützlicher, wenn Tom erkennt, was er tun kann, um die Beziehung zu Ellen zu verbessern.

Markus: »Was könntest du tun, um deine professionelle Beziehung zu Ellen zu verbessern?«

Tom: »Vielleicht wäre es besser, sie häufiger auf dem Laufenden zu halten. Und morgen werde ich wie früher einfach mal wieder mit ihr quatschen.«

Je mehr wir darüber sprechen, was wir nicht mögen, desto größer scheint das Problem zu werden und desto weniger Energie haben wir, um etwas dagegen zu tun. Unsere Resilienz, unsere Belastbarkeit leidet unter dem Gejammer. »Solution-Talk« kann jedoch sehr einfach sein: Sie sprechen über das, was Sie sich an Stelle des Problems wünschen, über das, was immer noch gut funktioniert, und über Erfolge und Lösungen aus der Vergangenheit. So schaffen Sie umgehend die Stimmung, die Zuversicht und die Kreativität, die nötig sind, um Lösungen zu finden.

Wenn Sie es schaffen, mit Ihren Kollegen über deren erwünschte Zukunft zu sprechen, werden auch sie plötzlich mehr Alternativen sehen, wie sie ihr Problem angehen können.

»Als sich herausstellte, dass unsere Firma verkauft werden sollte, war es hilfreich, die möglichen Handlungsalternativen zu erkennen. Ich informierte mich auf der Website des potenziellen Käufers über seine Unternehmenskultur, die Organisation und den Kommunikationsstil. War das etwas für mich? Würde ich mich dort zu Hause fühlen? Ich berechnete meine Abfindung und dachte darüber nach, wieder auf den Arbeitsmarkt zu gehen. Ich machte mir Gedanken über die Entwicklung meines weiteren Lebens: Was ist für mich wichtig? Was sind meine verrücktesten Träume für die verbleibenden 15 Jahre meines Berufslebens? Paradoxerweise gab mir diese Denkweise großen Seelenfrieden. Eine Art Aufgeregtheit und Energie sprang mich an, etwas, das ich schon lange nicht mehr gefühlt hatte; obgleich ich das nicht mit irgendjemandem diskutieren würde.« (Ein resilienter Klient)

Wenn Sie es schaffen, mit Ihren Kollegen über deren erwünschte Zukunft zu sprechen, werden auch sie plötzlich mehr Alternativen sehen, wie sie ihr

Problem angehen können. Ein Gespräch mit Ihnen wird Wunder bewirken und Hoffnung schaffen. Wenn Sie in ein Gespräch über alles das, was bei der Arbeit schief läuft, gezogen werden, verringern sich die Zeichen der Hoffnung. Ihre Kollegen fühlen sich kraftloser und mutloser, und Sie sich auch.

Die Prinzipien des »Solution-Talk« sind nicht schwierig, aber sie sind nicht immer leicht anzuwenden.

- Achten Sie auf das, was erwünscht ist (anstatt auf das Problem).
- Erforschen Sie die Zeitpunkte, an denen bereits (kleine Teile) der Lösung vorhanden sind.
- Erkennen Sie alle verfügbaren Ressourcen und Stärken an.
- Nehmen Sie kleine Veränderungen in die gewünschte Richtung vor.

Ein Beispiel

Laura

Laura ist unruhig und aufgeregt. Sie leidet an Schlaflosigkeit. In ihrem Beruf bahnt sich eine große Veränderung an. Vielleicht verliert sie ihren Job. Ihr Freund möchte ihr helfen und fragt sie, warum sie nicht gut schläft, warum sie die Veränderung ängstigt, was die Konsequenzen wären und welche Probleme noch auftauchen könnten, die verhindern würden, dass Laura resilient reagiert. Natürlich ist das alles gut gemeint, ihr Freund ist auch betroffen und möchte das Problem richtig verstehen. Trotzdem ist diese Art von Gespräch nicht sehr hilfreich. Laura und ihr gutherziger Freund spüren, dass ihre Lähmung und Frustration wachsen. Und das ist nicht die günstigste Stimmung, um auf kreative und resiliente Art und Weise die Verzweiflung zu überwinden.

In einem resilienten Gespräch zeigt ein Kollege Verständnis für Lauras Sorgen und Angst. »Ich kann verstehen, dass es in deiner Situation nicht einfach ist. Wie kommst du damit klar?« Beim Beantworten dieser Frage spricht Laura über alles, was ihr in dieser schweren Zeit hilft:

die Unterstützung durch ihren Freund, das Projekt, das sie noch immer fesselt, ihre Kollegen, die in derselben Situation sind. »Was wäre anders, wenn dein Problem gelöst wäre?« Laura antwortet jetzt: »Dann wüsste ich jetzt schon, was ich sonst in fünf Monaten wissen werde. Es ist diese Unsicherheit, die mich verrückt macht.« Der Freund sagt: »Ich verstehe. Was sind denn die möglichen Szenarien?« Was weiß Laura schon jetzt über die Zukunft? Sie hat nicht so viele Möglichkeiten. Sie könnte einerseits nach einem ähnlichen Job in einer anderen Firma suchen, oder sie könnte etwas komplett anderes versuchen. Nachdem Laura drei mögliche Szenarien aufgeschrieben hatte, fand sie ihre Seelenruhe und konnte wieder schlafen.

Wenn Sie jemandem helfen wollen, Lösungen zu finden, ist es unangemessen und respektlos zu entscheiden, dass derjenige einfach etwas tun müsse, um etwas daran zu ändern. Eine gute Verbindung und Präsenz sind ausgezeichnete Starthelfer, doch oft ist mehr nötig, um andere dazu zu bringen, Lösungen zu entwickeln. Resilienz bedeutet auch, die anderen behutsam aufzufordern, eine neue Seite im Buch ihres Lebens aufzuschlagen und, wenn es angemessen ist, über die Zukunft und die Ergebnisse nachzudenken, die sie sich wünschen. So können sie ihr Leben wieder aktiv gestalten. Fragen, die hierbei hilfreich sind, sind:

- Was kannst du jetzt tun und was möchtest du?
- Was ist für dich jetzt hilfreich?
- Welche Alternativen hast du?

Oder, falls Ihre Gesprächspartner noch nicht zur Veränderung bereit sind:

- Was funktioniert schon?
- Was funktioniert wenigstens schon ein bisschen?

Sie können helfen, indem Sie »Bewältigungsfragen« stellen:

- Wie schaffst du es, trotz der Schwierigkeiten weiter zu machen?

Im nächsten Kapitel finden Sie einige Vorschläge, wie Sie sich mit der Zukunft verbinden und anderen helfen können, sich vorwärts zu bewegen.

1. Schmuggeln Sie Resilienz in Ihr Team.
2. Der lösungsfokussierte C.O.M.P.A.S.S.
3. Strategische Teamsitzungen
4. Team-O.A.S.I.S.

1. Schmuggeln Sie Resilienz in Ihr Team

> *Seien Sie selbst die Veränderung, die Sie in der Welt sehen wollen.*
> (Mahatma Ghandi)

Wenn Sie als Fußgänger schüchtern am Bordstein stehen und nicht entschlossen den ersten Schritt wagen, kann es lange dauern, bis Sie die Straße überqueren können. Sie müssen deutlich zeigen, dass Sie die Straße überqueren möchten. Sie müssen sich behaupten, um Einfluss ausüben zu können.

Manchmal sehen sich die Leute selbst nur als ein kleines Glied in der Kette. Sie sind davon überzeugt, dass sie keinen Einfluss haben. »Da unsere Firma schlechte Geschäfte macht, ist jeder negativ eingestellt, und alle sprechen nur über ihre Probleme.« Dieses Bewusstsein wird schnell zur selbsterfüllenden Prophezeiung. Allein durch den Glauben, dass Sie Ihre Umgebung nicht beeinflussen können, werden Sie passiv und versuchen gar nicht mehr, Einfluss zu nehmen. Ist es da eine Überraschung, dass sich nichts ändert? Vielleicht sind Sie in Ihrer Firma nicht in einer Position, die es erlaubt, Entscheidungen zu fällen, oder Sie haben keinen großen Einfluss, aber egal, was Sie tun oder sagen, andere werden es bemerken. Egal, welche Position Sie bekleiden, es liegt an Ihnen, ob Sie stören oder ob Sie einen positiven Effekt haben. Sie können immer Resilienz in Ihr Team schmuggeln.

> *Egal, welche Position Sie bekleiden, es liegt an Ihnen, ob Sie stören oder ob Sie einen positiven Effekt haben.*

Tipps

- *Stellen Sie in Sitzungen Fragen, die die Teilnehmer anregen, in einer Art Brainstorming nach kreativen, ungewöhnlichen Verbesserungen zu suchen.*
- *Bemerken und erkennen Sie an, was andere schon getan haben, um zu einer Lösung beizutragen.*
- *Registrieren Sie den positiven Fortschritt und fragen Sie, wie noch mehr davon erreicht werden kann.*
- *Wenn Ihr Team über Probleme spricht, ermuntern Sie es, darüber zu sprechen, was es verändern würde oder was besser wäre.*
- *Fordern Sie ruhige Teammitglieder auf, sich zu beteiligen und ihre Meinung zu sagen.*
- *Bleiben Sie neugierig, auch in informellen Situationen; versuchen Sie, herauszufinden, welche neuen Projekte und Ideen Ihre Teammitglieder haben.*

Wählen Sie die Rolle, die Sie spielen wollen:

- *Der Komödiant, der die Stimmung mit seinen Witzen aufhellt.*
- *Der Helfer, der immer bereit ist, andere zu unterstützen.*
- *Der Träumer, der eine Vision jenseits des Problems hat und der eine Zukunft ohne Probleme sehen kann.*
- *Der Künstler, der kreative Ideen hat.*
- *Der Coach, der die anderen hervorlockt und sie ermuntert fortzufahren.*
- *Der Kämpfer, der nicht locker lässt und ein Beispiel an Beharrlichkeit ist.*
- *Andere Rollen, die Ihnen einfallen.*

Nehmen Sie davon Abstand,

- *der Hektiker zu sein, der alle nervös macht.*
- *der Pessimist zu sein, der immer einen Grund zum Scheitern sieht.*
- *die Spaßbremse zu sein, die niemals an irgendetwas glaubt.*
- *der Egozentriker zu sein, der sich nur um sich selbst kümmert.*
- *der Provozierer zu sein, der zu jedem Argument ein Gegenargument hat.*

2. Der lösungsfokussierte C.O.M.P.A.S.S.

Wir wissen jetzt, dass die Art und Weise, wie wir mit unserem Team über gewöhnliche Projekte sprechen, einen direkten Einfluss auf die Energie und den Enthusiasmus der Teammitglieder hat. Aber es gibt noch immer die große Lücke zwischen Wissen und Tun. Wie können Sie sich vom Problemexperten zu einem Erfolgs- und Lösungsanalysten wandeln? Unten finden Sie einen »Compass«, der Ihnen helfen soll, Ihre Projekte in konstruktiver, resilienter Weise zu diskutieren. Die Buchstaben des Wortes »Compass« beziehen sich jeweils auf eine Komponente motivierender Kommunikation.

Context (Umfeld)

- Was müssen wir unbedingt hinkriegen?
- Inwiefern ist das Projekt für das Team wichtig?
- Wie wirkt sich ein Projekterfolg auf das Team aus?
- Wer sollte involviert werden?

Objective (Ziel)

- Woran sehen wir, dass wir das Projekt erfolgreich abgeschlossen haben?
- Was ist dann anders?
- Wer sonst wird es noch bemerken?
- Was werden sie bemerken?

Motivation

- Welchen Vorteil bringt das Projekt unserem Team?
- Welchen Vorteil bringt es den anderen?
- Welchen Vorteil bringt es der Organisation?

Progress (Fortschritt)

- Wo stehen wir momentan auf einer Skala von 1 bis 10, wobei 10 für den erfolgreichen Abschluss unseres Projekts steht und 1 für das Gegenteil?
- Wer oder was hat uns geholfen, dorthin zu kommen?

- Wie hoch ist die Zuversicht auf einer Skala von 1 bis 10, dass wir diesen Erfolg erzielen?
- Wie können wir die Zuversicht um einen Schritt steigern?
- Wen können wir zu unseren Ratgebern, Mentoren oder Unterstützern ernennen?
- Wie können diese Menschen uns am besten helfen? Wie können wir sie fragen?
- Was könnte sonst noch hilfreich sein?

Appreciation (Anerkennung)
- Welche Kompetenzen haben wir in unserem Team?
- Welche Kompetenzen sehen andere in uns, die unserem Projekt zugute kommen und uns helfen können, das Projekt erfolgreich durchzuführen?
- Welche Fortschritte haben wir bereits gemacht?
- Welche anderen nützlichen Ressourcen haben wir?

Small Step (ein erster kleiner Schritt)
- Woran werden wir merken, dass wir einen weiteren Schritt in die richtige Richtung gegangen sind?
- Was werden wir weiterhin tun?
- Was können wir bereits morgen tun, das uns auf der Skala einen Schritt weiterbringt?

3. Strategische Teamsitzungen

Wenn Sie sich auf Ihre Probleme fokussieren, werden Sie ein Fachmann für Probleme. Wenn Sie sich auf das fokussieren, was erfolgreich ist, werden Sie ein Fachmann für Erfolg. (Carey Glass)

Von Zeit zu Zeit ist es gut, innezuhalten und in Ihrem Team zu diskutieren, was gut läuft. Warum atmen Sie nicht einmal durch und machen eine »Dinge-die-wir-bereits-erledigt-haben-Liste«, anstatt Neues anzureißen und neue To-do-Listen zu erstellen? Das wird neue Energien in Ihrem Team freisetzen.

Aktion

Veranstalten Sie eine ganztägige Teamsitzung abseits des Büros in einer entspannten und konstruktiven Umgebung, bei der Sie über das vergangene Jahr reflektieren können.

1. Teilen Sie Ihr Team in kleine Gruppen und lassen Sie sie die folgenden Fragen beantworten:

• Was von allem, was wir im letzten Jahr gemacht haben, hat Ihnen am meisten gefallen?

• Was noch? Machen Sie eine Liste.

• Wie haben wir es geschafft, das alles zu erreichen?

• Welche Stärken haben wir?

• Welche Schwierigkeiten haben wir erfolgreich bewältigt, welche Probleme erfolgreich gelöst?

• Wie haben wir das geschafft?

• Was hat jedem dabei geholfen, im letzten Jahr das Beste aus sich herauszuholen?

• Was hat jeder von uns an den anderen Teammitgliedern geschätzt? Wie haben wir einander geholfen und inspiriert?

2. Kommen Sie wieder im Plenum zusammen und lassen Sie jede Gruppe ihre Antworten präsentieren.

3. Bilden Sie neue Gruppen und diskutieren Sie folgende Frage: »Stellen Sie sich vor, wir treffen uns nächstes Jahr hier wieder und sind unglaublich enthusiastisch und froh über das vergangene Jahr. Was ist passiert, dass wir so enthusiastisch sind? Was haben wir (richtig) gemacht?«
Entwickeln Sie eine konkrete Vision für den nächsten Schritt des Teams. Sie können sich dabei auf Themen wie die Teamergebnisse oder die Zusammenarbeit konzentrieren.

4. Kommen Sie im Plenum zusammen und lassen Sie jede Gruppe ihre Vision präsentieren. Priorisieren Sie die Ziele und konkretisieren Sie sie.

4. Team-O.A.S.I.S.

*Wenn jemand nach dem Weg fragt, frag ihn nicht, warum er sich
zuvor verlaufen hat.* (Louis Cauffman)

Die Fähigkeit zur Problemlösung ist für Mitglieder von High Performance
Teams eine absolute Kernkompetenz. Die Teammitglieder müssen einander
vertrauen und sich sicher fühlen, um zuzu-
geben, dass sie in einer Sackgasse stecken
oder nicht so erfolgreich waren, wie es erwartet wurde. Leider hinterlassen gewöhnliche Problemlösungstechniken aber ein
Gefühl von Inkompetenz und Hilflosigkeit,
denn bei diesen Techniken sagt Ihnen in
der Regel ein anderes Teammitglied, was
Sie zu tun haben oder wie Sie die Sache angehen sollen. Auf diese Weise
werden Ihre Problemlösungskompetenz und Ihre Bereitschaft, ein Problem
zuzugeben, für die Zukunft eher geschwächt als gestärkt.

*Die Fähigkeit zur Problemlösung
ist für Mitglieder von High
Performance Teams eine absolute
Kernkompetenz.*

Lösungsorientierte Gespräche helfen Ihnen, Ihre eigenen Lösungen und
Stärken im Umgang mit dem Problem zu entwickeln. Was ist daran so
anders? Ihr Team führt sich nicht als Experte auf, sondern hilft Ihnen
durch nützliche Fragen, selbst zum Experten zu werden.

- Was wünschen Sie sich?
- Wie können Sie sich die Lösung vorstellen?
- Was auf dem Weg dorthin machen Sie bereits gut?
- Womit waren Sie schon in der Vergangenheit erfolgreich?
- Was können Sie verändern, damit sich wirklich etwas ändert?

Team-O.A.S.I.S. ist ein hilfreiches Format, um ein konstruktives Gespräch
über ein Problem eines Teammitgliedes zu führen. Jeder Buchstabe reflek-
tiert eine andere Diskussionsphase, und auch hier gibt es wieder ein nettes
englischsprachiges Akronym zum Merken:

- Open the space
- Affirm
- Suggest
- Inspire
- Stop

Dies ist unsere Version des Solution Focused Reflecting Teams, das von Harry Norman (2003) und anderen entwickelt wurde.

Ablauf des Team-O.A.S.I.S.

Setzen Sie sich so in einen Kreis, dass alle Teilnehmer einander sehen können. Wählen Sie einen Moderator oder eine Moderatorin, der oder die die verschiedenen Phasen der Diskussion begleitet. Ein Teilnehmer oder eine Teilnehmerin beginnt und stellt sein Problem vor.

Open the space

Das Teammitglied, das seine Frage präsentiert, verfährt folgendermaßen: Er oder sie stellt das Problem kurz vor und erläutert, warum es ein Problem ist. Dann formuliert das Teammitglied, was es stattdessen möchte, was besser wäre, wie die Kollegen helfen können, welche Fragen sie nun beantworten sollen.

Nach dieser Präsentation haben die Kollegen Gelegenheit, Fragen zum Sachverhalt (Wer, Was, Wo, Wann und Wie-Fragen) oder »lösungsfokussierte Fragen« zu stellen. Beispielsweise:

- Was haben Sie bereits unternommen, was erfolgreich war?
- Woran werden Sie merken, dass Sie erfolgreich sind?
- Womit sind Sie bereits zufrieden?
- Wie haben Sie etwas Ähnliches in der Vergangenheit gelöst?
- Wer könnte Ihnen dabei helfen?

Der Moderator oder die Moderatorin stellt sicher, dass keiner Suggestivfragen wie »Haben Sie schon versucht...?« gestellt werden.

Affirm

In dieser Runde ist der- oder diejenige mit dem Problem nur Zuhörer. Er oder sie antwortet nicht auf die Aussagen der anderen. Die andern sprechen darüber, was sie an der Situation bewundern: Was gut funktioniert, wo sie Ausnahmen vom Problem erkennen, welche Ressourcen auf der Hand liegen und welche Fähigkeiten sie in den beteiligten Personen einschließlich der Person mit dem Problem sehen.

Suggest

In dieser Runde wechseln sich die Kollegen ab, mögliche Lösungen zu formulieren oder Anekdoten zu erzählen, wie sie selbst oder andere mit ähnlichen Problemen umgegangen sind. Ratschläge sind erwünscht und die Teammitglieder sind dazu aufgefordert, dies in toleranter Form zu tun:

- Was funktionieren könnte
- Was ich schon mal in einer ähnlichen Situation versucht habe

Die Person mit dem Problem spricht nicht, sondern notiert sich, was nützlich ist. Der Moderator oder die Moderatorin stellt in dieser Phase sicher, dass nicht diskutiert wird.

Inspire

Die Person mit dem Problem darf nun wieder sprechen. Sie bedankt sich für den Input und erzählt, was von der Lösungssitzung nützlich und für sie besonders hilfreich war, eine eigene Lösung zu finden.

Stop

Vorbei ist vorbei! Bringen Sie das Problem weder in der Pause noch zu einem anderen Zeitpunkt wieder aufs Tapet – es sei denn, die Person mit dem Problem wünscht dies. Man braucht Mut und Vertrauen, über Probleme zu sprechen. Wenn Sie Ihre Kollegen außerhalb des Rahmens von O.A.S.I.S. ständig an ihre Probleme erinnern, verlieren sie vielleicht das Interesse daran, sich Ihnen mitzuteilen und mit Ihnen Lösungen zu entwickeln.

Tipps für ein konstruktives Team-O.A.S.I.S.

- Benutzen Sie einen »Redestab« oder einen Ball, der in jeder Runde herumgereicht wird. Nur die Person, die den Redestab in der Hand hält, darf sprechen.

- Variieren Sie: Statt den Ball an den Nachbarn weiterzugeben, können Sie ihn jemandem zuwerfen, der etwas sagen möchte.

- Gestehen Sie den anderen zu, auszusetzen, wenn sie nichts zu sagen haben.

- Weniger ist mehr: Gestatten Sie nur eine Frage pro Person pro Runde.

- Fassen Sie sich kurz: Eine Team-O.A.S.I.S.-Sitzung dauert gewöhnlich nicht länger als 30 Minuten.

3. Wertschätzung für sich selbst und andere

Wir sind wunderbare und einzigartige Kreaturen, und wir verändern uns ständig. Stetiges Lernen und vielfältige Erfahrungen beeinflussen, wer wir sind und wie wir uns zu jedem beliebigen Zeitpunkt verhalten. Dank unserer Lernfähigkeit entwickeln wir uns weiter, vergrößern und verfeinern unsere Möglichkeiten, mit der Realität umzugehen. Unsere Flexibilität und die Geschwindigkeit, mit der wir uns neuen Herausforderungen anpassen, sind gute Indikatoren für unsere Resilienz.

Wenn wir anderen helfen möchten, ihre Resilienz zu stärken, sollten wir uns selbst die Frage stellen, wie wir ihr Lernen stimulieren können. Eins ist sicher: »Pflanzen wachsen nicht, indem man an ihnen zieht. Sie gedeihen, wenn sie adäquate Pflege erfahren, ausreichend Wasser bekommen, das richtige Licht, etwas Dünger und viel Geduld.« Genauso wenig, wie wir eine Pflanze züchten können, indem wir sie aus dem Boden ziehen, können wir niemanden dazu zwingen zu lernen. Man lernt, wenn man den Willen dazu hat und wenn man selbst – und möglicherweise auch die anderen – glaubt, dass man Erfolg haben wird.

Genauso wenig, wie wir eine Pflanze züchten können, indem wir sie aus dem Boden ziehen, können wir niemanden dazu zwingen zu lernen.

Lernen ist ein soziales Phänomen. Was wir werden und wie wir uns entwickeln, wird im höchsten Maße von unseren Mitmenschen beeinflusst. Es ist bemerkenswert, dass die Geschichten, die wir erzählen, so einen großen Einfluss darauf haben, wer wir werden. Wenn mir zum Beispiel jeder sagt, dass ich ein mutiger Mensch bin, fange ich an, daran zu glauben, und werde mich tatsächlich etwas mutiger verhalten. Sage ich mir stattdessen, dass ich unsicher und ängstlich bin, glaube ich es selbst und werde mich eher wie ein unsicherer und ängstlicher Mensch verhalten.

Dieses weit bekannte Phänomen nennt sich Pygmalion- oder Rosenthal-Effekt. Je höher die Erwartungen in jemanden sind, umso besser sind seine Leistungen. Natürlich ist das von unschätzbarem Wert für die Art und Weise, wie wir mit anderen interagieren. Wir haben großen Einfluss darauf, was andere leisten – allein dadurch, dass wir von ihnen das Beste erwarten. Der ehrliche Glaube an die Größe der anderen, unsere Aufmerksamkeit und Wertschätzung für sie werden nicht nur das Selbstvertrauen unserer Kollegen aufbauen und stärken; sie werden dadurch auch beflügelt und ermutigt, ihr Bestes zu geben.

Hier sind einige Werkzeuge zur Wertschätzung

1. Bestärkende Gespräche
2. Ressourcentratsch
3. Reframing von Schwächen
4. Feiern
5. Wahrnehmen und anerkennen

1. Bestärkende Gespräche

Schmeichle mir, und ich werde dir nicht glauben. Kritisiere mich, und ich werde dich nicht mögen. Ignoriere mich, und ich werde dir nicht verzeihen. Ermutige mich, und ich werde dich nicht vergessen.

(William Arthur)

Wenn andere in Schwierigkeiten stecken und wir ihnen wirklich helfen wollen, beginnen wir häufig damit, ihre Probleme und Schwierigkeiten zu besprechen. Wenn wir das so machen, bewegen wir uns sofort an die Stelle, an der sie am verwundbarsten und kraftlos sind, und bringen sie unabsichtlich dazu, sich besiegt und deprimiert zu fühlen.

Darüber zu sprechen, was Menschen gut können oder was sie gerne tun, bringt sie automatisch dazu, ihre eigenen Ressourcen und die damit korrespondierenden Emotionen und Gefühle in ihrem Körper wahrzunehmen.

Insoo Kim Berg, eine berühmte lösungsfokussierte Familientherapeutin, begann häufig ihre Therapiesitzungen mit der überraschenden Frage: »Was können Sie gut?« Darüber zu sprechen, was Menschen gut können oder was sie gerne tun, bringt sie automatisch dazu, ihre eigenen Ressourcen und die damit korrespondierenden Emotionen und Gefühle in ihrem Körper wahrzunehmen. Diese Gefühle und Gedanken werden häufig gebraucht, um vom Problem zur Lösung umzuschalten. Das heißt also, Gespräche mit Leuten über Dinge, die sie mögen, die sie an ihrem Job schätzen usw., können einen kraftvollen Startpunkt bilden, um Schwierigkeiten zu überwinden.

Aktion

- Der beste Weg, jemanden dazu zu bringen, über seine Hobbys oder darüber, was er sonst gerne tut, zu sprechen, ist, über das zu sprechen, was man selbst gerne mag. Beginnen Sie doch einmal beim Mittagessen oder wann immer Sie mit einem Kollegen reden, ein bestärkendes Gespräch, indem Sie über das sprechen, was Sie beflügelt und Sie glücklich macht.

- Sprechen Sie beispielsweise über einen besonderen Moment, als Sie froh waren, bei der Arbeit sein zu dürfen. Beschreiben Sie die Umstände. Fordern Sie Ihre Kollegen auf, von ihren Lichtblicken oder Highlights zu erzählen.

- Erzählen Sie Ihren Kollegen, welche Tätigkeiten Sie in Ihrem Job gerne machen und warum Sie hier gerne arbeiten.

- Sprechen Sie über die schwierigen Zeiten, die Sie gemeistert haben (alleine oder als Team). Erzählen Sie, was Ihnen geholfen hat, die Schwierigkeiten zu überwinden, wer Ihnen geholfen hat und was anschließend gut funktioniert hat.

- Erzählen Sie von den Erfolgen, die Sie mit dem Team erreicht haben: zufriedene Kunden, begeisterte Chefs usw. Erzählen Sie, wie Sie es geschafft haben und wie Sie das erfolgreich wiederholen können.

- Sprechen Sie darüber, was Sie an den Kollegen schätzen, welches deren Stärken sind, warum Sie sie mögen usw.

2. Ressourcentratsch

Wir müssen uns bewusst machen, was andere vollbringen. Wir müssen ihren Anstrengungen Beifall spenden, ihre Erfolge anerkennen und sie in ihrer Betätigung ermutigen. Wenn wir einander gegenseitig helfen, ist jeder ein Gewinner.

(Jim Stovall)

Wir formen die Realität mit Geschichten, die wir uns und anderen erzählen. Worte sind kraftvoll, und der Effekt von Gerüchten kann sehr nachteilig sein. Wenn wir tratschen, können andere Menschen ein negatives Bild von jemandem bekommen. Wenn sie dann diese Person treffen, erinnern sie sich an dieses Bild, und die Beziehung ist von vornherein belastet. »Ressourcentratsch« ist eine Einladung, über die positiven Seiten und Erfolge einer Person zu sprechen. Ressourcentratsch funktioniert genauso wie negativer Tratsch. Andere Menschen bekommen ein positives Bild von einer Person. Wenn sie sie schließlich treffen, hat das Bild wahrscheinlich implizit einen positiven Einfluss auf die Beziehung.

Wir formen die Realität mit Geschichten, die wir uns und anderen erzählen.

Wenn Sie sich mit Menschen umgeben, die über Sie positiv denken, fühlen Sie sich automatisch selbstsicher und stark; Sie übertreffen sich selbst und setzen mehr um. Sie sind dann am besten, wenn man von Ihnen glaubt, dass Sie neue Standards setzen werden. Ihre Beziehung zu anderen wird sich sogar noch verbessern, sodass Sie es schaffen, auch aus anderen das Beste herauszuholen. Die positive Spirale breitet sich wie ein Virus aus und jeder zieht schließlich Vorteile daraus.

Aktion

• Denken Sie über Ihre Kollegen auf möglichst positive Weise:

  o Was schätzen Sie an ihnen?

  o Was sind ihre Stärken?

  o Wie leisten sie ihren Beitrag zum Team?

Entscheiden Sie sich, den Fokus auf die Stärken anstatt auf die Schwächen zu legen.

- Sprechen Sie über andere auf wertschätzende Art und Weise
- Beobachten Sie, was passiert, wenn Sie sich so verhalten und wie dieses Verhalten Ihre Beziehungen und Ihre eigene Leistung positiv beeinflusst

Team-Aktion: Geheimer Freund

- Nehmen Sie so viele Karten, wie Ihr Team Mitglieder hat, und verteilen Sie alle Karten auf zwei gleich große Stapel.
- Markieren Sie die Karten des einen Stapels mit einem blauen Stift, die des anderen mit einem schwarzen Stift.
- Mischen Sie die Karten und geben Sie jedem eine Karte.
- Jedes Teammitglied schreibt seinen Namen auf die Blankoseite.
- Bitten Sie die Teilnehmer, sich zu merken, ob sie eine blaue oder schwarze Karte hatten.
- Sammeln Sie die Karten ein und mischen Sie sie erneut. Verteilen Sie die Karten wieder mit der Markierung nach oben und lassen Sie die Teilnehmer eine Karte mit einer anderen Farbmarkierung auswählen, als sie vorher hatten. So verhindern Sie, dass die Teilnehmer die Karte mit ihrem eigenen Namen ziehen. Passen Sie auf, dass keiner sieht, was der andere gezogen hat.
- Alle Mitglieder verabreden, der Person, die auf ihrer Karte stand, eine Zeit lang heimlich immer wieder eine Freude zu machen oder einen Gefallen zu tun. Dabei tut man sein Möglichstes, nicht als Wohltäter demaskiert zu werden.
- Gleichzeitig bemüht sich jede und jeder, den eigenen Wohltäter zu entlarven.

Nach einigen Tagen oder Wochen kann sich das Team wieder treffen und raten, wer welche Karte gezogen hatte. Diese Übung baut eine besondere und angenehme Atmosphäre auf – konzentrieren Sie sich einfach darauf, dass andere Ihnen eine Freude machen möchten, während die anderen sich wiederum darauf fokussieren, was Sie alles für sie tun.

3. Reframing von Schwächen

Gemäß Daniel Ofmans »Core-Quality-Theorie« (2004) kann etwas, das wir als Fehler einer Person ansehen, in Wahrheit ein Übermaß einer Kernqualität dieser Person sein. Die Kernqualität wird, sobald sie sich in ihrer übermäßigen Ausprägung zeigt, zur Falle für die Person. Denken Sie an jemanden, der in der Teambesprechung immer das letzte Wort haben möchte. Wir könnten bei den Kollegen über dieses unschöne dominante Benehmen lästern. Oder wir können es als ein Übermaß einer Kernqualität sehen: Entschiedenheit. Auf diese Weise können wir das Verhalten in einem anderen Rahmen wahrnehmen – ein »Reframing« vornehmen.

Angenommen, wir entscheiden uns, aufrichtig zu sein, und weisen unseren Kollegen auf seine Fehler hin. Die Wahrscheinlichkeit, dass sich diese Person freut und uns dankbar ist, dass wir ihm gesagt haben, wie dominant er ist, ist wahrscheinlich recht gering – ebenso wie seine Motivation, sich zu verändern. Wenn wir ihm jedoch sagen, dass wir seine Fähigkeit schätzen, Entscheidungen zu fällen, und es schätzen, wenn er zuhört und die Meinungen der anderen Teammitglieder berücksichtigt, steigt diese Wahrscheinlichkeit.

Daniel Ofmans Kernquadrant ist ein nützliches Werkzeug, Fallen mit Kernqualitäten und Herausforderungen zu verbinden. Es ermöglicht uns, konstruktivere Gespräche zu führen.

Und so funktioniert das Modell:

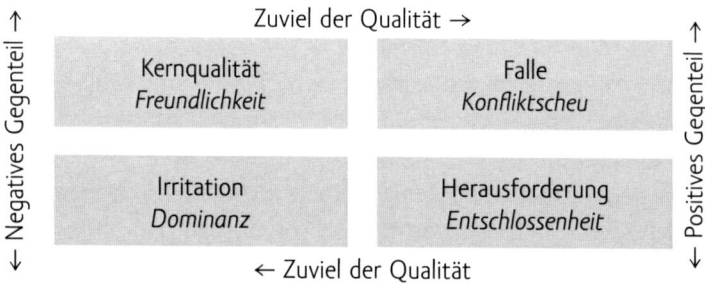

Kernquadrant

Kernqualität:
Die Kernqualität ist eine besondere Stärke einer Person, z. B. Freundlichkeit.

Falle:
Die Falle steht für das Übermaß einer Kernqualität, z. B. Konfliktscheu.

Herausforderung:
Die Herausforderung für eine Person besteht darin, die Kernqualität zu fördern, sodass sie im rechten Maß zum Ausdruck kommt.

Entschlossenheit ist z. B. eine positive Eigenschaft in Diskussionen, wenn sie mit Freundlichkeit oder Respekt gegenüber der Beziehung einhergeht. Die Herausforderung ist folglich nicht etwas, das wir anstelle unseres Fehlers entwickeln müssen, sondern etwas, das aus unserer Kernqualität entsteht.

Irritation:
Daniel Ofman verwendet das Wort Allergie. Irritation steht für ein Zuviel an Herausforderung. Häufig ist es etwas, das wir an anderen nicht mögen.

Teamübung

Nutzen Sie den Kernquadranten, um konstruktive Gespräche zwischen den Teammitgliedern zu fördern:

1. Fordern Sie Ihre Kollegen auf, ihre eigenen Kernquadranten aufzuzeichnen.

2. Präsentieren Sie die Quadranten nacheinander und raten Sie, zu wem die Quadranten gehören. Bekräftigen Sie die Kerneigenschaft dieser Person und sagen Sie ihr, in welcher Situation sie bereits ihre Herausforderung gezeigt hat.

3. Bilden Sie Paare und führen Sie mithilfe der folgenden Fragen nützliche Unterhaltungen:

   • Was können Sie gut? Was ist Ihre Kernqualität?

   • Seit wann haben Sie diese Eigenschaft, und wie haben Sie sie entwickelt?

- Wer in Ihrer unmittelbaren Umgebung zeigt oder zeigte diese Eigenschaft ebenfalls?
- Was wäre die Falle dieser Eigenschaft?
- Welche Situationen oder Personen bewirken Ihr Fallen-Verhalten?
- Was tun Sie, um dies zu verhindern?
- Was ist Ihre Herausforderung?
- Wen kennen Sie, der diese Herausforderung als seine Kernqualität bezeichnet?
- Was können Sie von dieser Person lernen?
- Was würden Sie anders machen, wenn Sie mehr wie diese Person wären?
- Wann haben Sie dies bereits getan?
- Welches Verhalten irritiert Sie?
- Können Sie diese Verhalten als ein Übermaß Ihrer eigenen Herausforderung ansehen?
- Von welcher Kernqualität ist diese Irritation ein Übermaß?

4. Feiern

Sie können die Stimmung in Ihrem Team steigern, indem Sie die tägliche Routine von Zeit zu Zeit unterbrechen. Zu allen Jahreszeiten gibt es genug Feste, die einen perfekten Anlass bieten, um zusammen zu feiern. Vergessen Sie nicht, zusammen Spaß zu haben – Lachen verbindet Menschen und stärkt zwischenmenschliche Beziehungen. Menschen, die gut miteinander zurechtkommen, finden harmonische Wege, um mit Konflikten und Unstimmigkeiten umzugehen. Treffen Sie sich mit dem Team zu einer fröhlichen Veranstaltung, z. B. einem lustigen Film, zum Bowling, zu einem Spaziergang oder sogar einer Ballonfahrt! Oder machen Sie etwas weniger Aufwendiges, z. B. dekorieren Sie das Büro oder verteilen Sie kleine Geschenke und Aufmerksamkeiten.

Vergessen Sie nicht, zusammen Spaß zu haben – Lachen verbindet Menschen und stärkt zwischenmenschliche Beziehungen.

Einige Vorschläge

- Bringen Sie frischen Wind in das Büro, indem Sie es passend zur Jahreszeit dekorieren.

- Einige Ideen für nette Aktivitäten:
  1. Ein Picknick im Sommer
  2. Ein Herbstspaziergang im Wald
  3. Ein Karaokeabend
  4. Einander die guten Vorsätze für das neue Jahr erzählen
  5. Freundschaftskarten am Valentinstag versenden
  6. Ein gemeinsamer Frühjahrsputz
  7. Ein Osterfrühstück mit Schokoladeneiern
  8. Etwas Besonderes für den Geburtstag eines Teammitglieds vorbereiten
  9. Bitten Sie jeden, ein Babyfoto von sich mitzubringen, und versuchen Sie im Team, die Bilder den erwachsenen Menschen zuzuordnen.
  10. Am Ende des Jahres wählen Sie den freundlichsten, bestangezogenen, sportlichsten, am besten organisierten usw. Mitarbeiter.

- Führen Sie Veränderungen ein, damit Ihre Mitarbeiter resilient bleiben:
  1. Führen Sie physische Aktivitäten ein, wenn Ihre Arbeit hauptsächlich aus Kommunikation besteht.
  2. Probieren Sie einige Veränderungen in den Teamaktivitäten aus, wenn Sie hauptsächlich mit denselben Menschen arbeiten.
  3. Sollten Sie immer nur über die Arbeit sprechen, ermuntern Sie zu Gesprächen über andere Dinge.

- Variieren Sie auch andere Bereiche: Ermuntern Sie die anderen, ihre künstlerische Seite zu entdecken, indem sie bildhauen, malen, musizieren oder Theater spielen. Sie könnten einen Kabarettabend organisieren, an dem jeder seine unentdeckten Talente zeigen kann.

5. Wahrnehmen und anerkennen

Was wir loben, wird mehr. (Charles Fillmore)

Denken Sie an ein Kompliment, das Sie kürzlich von jemandem bekommen haben. Was hat diese Person an Ihnen geschätzt? Welche Auswirkung hatte das Kompliment auf Sie und auf die Beziehung zu dem Komplimentgeber? Können Sie sich an ein Kompliment erinnern, das Sie gemacht haben? Was ist passiert? Wie hat das die Art und Weise, wie Sie diese Person sehen, beeinflusst? Wie hat sich die Beziehung zu dieser Person verändert?

Es gibt viele Wege, wie Sie Ihre Wertschätzung ausdrücken können. Jeder fühlt sich nach einem Kompliment oder einem Zeichen der Wertschätzung besser, insbesondere wenn das Kompliment ehrlich und von Bedeutung war. Eine Kollegin erzählte uns von einem Vortrag, den sie nahe ihrer Heimatstadt halten sollte. Sie wusste, dass ihre Mutter zuhören würde, und war sehr nervös bei der Vorstellung, was ihre Mutter wohl hinterher sagen würde. Nach dem Vortrag kam ihre Mutter hinter die Bühne und sagte: »Ich finde dein Kleid sehr schön.« Zugegeben, es ist ein Kompliment, aber möglicherweise nicht das relevanteste, das man in diesem Moment machen kann. Komplimente funktionieren besser, wenn sie spezifisch und nicht allgemein gehalten sind. Ein spezifisches, relevantes Kompliment ist z. B.: »Ich fand es gut, wie Sie diese Sitzung gehalten haben. Sie war gut vorbereitet. Sie haben zuerst einen Überblick gegeben, dann hatte jeder die Möglichkeit, sich selbst vorzustellen. Und schließlich haben Sie gefragt, was jeder von der Sitzung erwartet.« Unspezifisch und wenig relevant ist hingegen ein einfaches »Gut gemacht«.

> *Jeder fühlt sich nach einem Kompliment oder einem Zeichen der Wertschätzung besser, insbesondere wenn das Kompliment ehrlich und von Bedeutung war.*

Viele fühlen sich unwohl, wenn sie ein Kompliment erhalten. Sie werden vielleicht misstrauisch und denken, dass Sie irgendetwas im Schilde führen, eine Hidden Agenda haben. Häufig werten sie das Kompliment ab. »Oh das war doch keine große Sache!« In solch einem Fall sollten Sie die Magie indirekter Komplimente versuchen.

Wie können Sie indirekt Komplimente machen?

- Fordern Sie die Person auf, zu beschreiben, wie sie es geschafft hat, etwas zu erreichen.
- Involvieren Sie andere in Ihr indirektes Kompliment: Wow, dieser Klient (Kollege, Partner usw.) muss mit Ihrer Unterstützung sehr zufrieden gewesen sein!
- Bitten Sie diese Person um Hilfe bei einer schwierigen Aufgabe.
- Sprechen Sie über die Eigenschaften der Person. Lassen Sie auch andere wissen, was Sie an dieser Person schätzen.
- Geben Sie jemandem eine herausfordernde Aufgabe und lassen Sie ihn wissen, dass Sie an seinen Erfolg glauben.
- Zeigen Sie, dass Sie am anderen interessiert sind.

Tipps

- *Bedanken Sie sich für ein Kompliment. Verweisen Sie auch auf andere, die Ihnen geholfen haben, das Ziel zu erreichen.*
- *Bleiben Sie mit denjenigen in Kontakt, die krank oder abwesend sind. Lassen Sie sie spüren, dass Ihre Abwesenheit bemerkt wird: Halten Sie sie auf dem Laufenden, was im Team passiert, oder schicken Sie Blumen, eine Karte oder Mail.*
- *Denken Sie an die Interessen und Neigungen der anderen und informieren Sie sie über Trainings, Websites und Literatur, die zu ihren Interessen passen.*
- *Sprechen Sie nicht nur Ihre Wertschätzung von Erfolgen aus, sondern sprechen Sie auch an, dass Sie die kontinuierlichen, täglichen Bemühungen zur Kenntnis nehmen.*
- *Nehmen Sie sich Zeit, wenn Sie jemand um Hilfe bittet.*

Wie Sie die Resilienz Ihres Teams schwächen können:

- *Drücken Sie Ihre Überzeugung aus, dass sich die Dinge niemals ändern werden.*
- *Erklären Sie, warum das Problem existiert.*
- *Geben Sie anderen die Schuld.*
- *Stellen Sie sicher, dass Sie das Problem bis ins kleinste Detail kennen.*
- *Stellen Sie sich alle möglichen Gründe vor, warum Sie das Problem nicht lösen können.*
- *Sammeln Sie Beweise dafür, dass eine vorgeschlagene Lösung gar nicht funktionieren kann.*
- *Suchen Sie nach jedem möglichen Problem, dass sich hinter jeder noch so kleinen Chance versteckt.*
- *Tun Sie nichts, bis Sie nicht ganz sicher sind, dass dies die absolut einzige Lösung sein kann.*
- *Ärgern sie sich krank.*
- *Fokussieren Sie sich auf die befürchtete Zukunft.*
- *Der allerbeste Weg ist, absolut gar nichts zu tun und auch die anderen davon abzuhalten, etwas zu tun.*

4. Gehen Sie einen kleinen Schritt

Jede noch so lange Reise beginnt mit dem ersten Schritt. (Lao Tse)

Der persönliche Sieg über das Schwindelgefühl

»Als wir in der Gruppe entschieden, den Gletscher zu Fuß hinabzu-steigen, dachte ich: ›Ach, wenn diese schwangere Frau dort die Tour mitmacht, sollte es für mich auch kein Problem sein.‹ Es war ein schöner Tag, windstill und sonnig. Plötzlich befanden wir uns am Fuße eines Gebirgskammes, den wir überqueren mussten, um unsere Tour ins Tal fortzusetzen. Der Weg war sehr schmal und direkt an einer gefährlichen Schlucht. Ich merkte, wie meine Kräfte nachlie-ßen. Ich hatte keine Wahl, ich musste weitergehen. Mein Herz schlug mir bis zum Hals, und ich hatte Todesangst hinabzustürzen und zu sterben. Voller Sorge versuchte ich, meine Panik unter Kontrolle zu bringen. Ich nahm meinen ganzen Mut zusammen und konzentrier-te mich auf einen Stein, der einen halben Meter vor mir lag. Nur bis zu diesem Stein! Das war nicht so schwer, das würde ich schaffen. Es funktionierte, ich kam voran. Wie in Trance schaffte ich es zum nächsten Stein ... Langsam bewegte ich mich von Stein zu Stein wei-ter. Ich ignorierte die Schlucht und schaute nicht runter. Ich war im Nullkommanix oben. Die anderen folgten schnaufend und keuchend. Sie erzählten mir, dass sie mir so schnell nicht hatten folgen können. Beim Klettern hatte ich das nicht bemerkt. Monatelang fühlte ich mich stolz und siegreich!« (Geschichte eines Klienten)

Resiliente Teams fokussieren sich grundsätzlich auf den nächsten Schritt vorwärts. Sie wissen, dass jeder Schritt weiter, egal wie klein, einen großen Sprung bedeuten kann. Als täglicher Prozess kann kontinuierliche Verbesserung große Ergeb-nisse hervorbringen. Die Philosophie der

Resiliente Teams fokussieren sich grundsätzlich auf den nächsten Schritt vorwärts.

kleinen Schritte gibt dem Team Hoffnung und unterscheidet sich sehr von einer umfassenden Planung und detaillierten Projektplänen.

Ehrgeizige Pläne können die Zufriedenheit und Hoffnung des Teams begraben, da die Ziele zu weit entfernt sind und zu viele unberechenbare Faktoren den ursprünglichen Plan gefährden. Da Veränderungen ständig geschehen, ist es für unsere Teams und Organisationen der beste Ansatz, sich über die Richtung klar zu werden, sich dann aber in kleinen Schritten vorwärts zu bewegen. Nach jedem Schritt können wir einen Blick auf die Auswirkung und Konsequenzen unserer Aktionen werfen, bevor wir einen weiteren kleinen Schritt gehen.

Es ist einfacher, mit einem kleinen Schritt zu starten und sich, wie in der Geschichte »Konzentriere dich auf den nächsten Stein«, mit dem Erreichten erfolgreich zu fühlen. Wenn Sie sich erst einmal bewegen, können Sie Fahrt aufnehmen und ständige Fortschritte machen. Es ist, als würden Sie ein Kind auf einer Schaukel anstoßen. Am Anfang bedarf es einiger Anstrengung, aber dann brauchen Sie nicht mehr so stark zu stoßen, um die Schaukel in Bewegung zu halten. Genauso kann ein erster (schwieriger) Schritt zu einem Durchbruch führen, der eine ganz neue Welt an Möglichkeiten eröffnet.

Wir sind sicher, dass Sie wissen werden, welcher erste Schritt für Ihr Team oder Ihre Organisation derjenige ist, der möglicherweise zu einem großen Sprung führt. Es kann alles Mögliche sein.

Im nächsten Kapitel möchten wir Ihnen gerne einige inspirierende Ideen für mögliche nächste Schritte geben. Natürlich werden Sie diese in etwas übertragen, das für Ihr Team nützlich ist.

1. Ein resilientes Umfeld

2. Bauen Sie Kooperation auf.

3. Üben Sie positive Kritik.

4. Nehmen Sie Kritik mit Würde an.

5. Bieten Sie Ihre Hilfe an, wenn jemand einen Fehler macht.

6. Das Durchstarten-und-Siegen-Syndrom

7. Konfliktmediation

8. Nutzen Sie Ihren Humor.
9. Holen Sie das Beste aus Ihrem Team heraus.
10. Motivierende Zitate

1. Ein resilientes Umfeld

Vor einigen Jahren arbeiteten wir mit einem Team, in dem der Grad der Zusammenarbeit unter null lag. Die Zahl der Konflikte und Irritationen stieg ständig. Die Fehlzeiten waren hoch, manche Mitarbeiter blieben wochenlang zu Hause.

Wir fragten, ob es Zeiten gegeben hatte, in denen die Dinge besser gelaufen waren. Und wir hörten, dass sie früher sehr gut zusammengearbeitet hatten. Nicht einer hatte je das jährliche Barbecue verpasst, bevor die Probleme begannen. Auf die Frage, was damals anders gewesen sei, antworteten sie:»Nicht viel. Die Arbeit ist genauso hektisch wie früher, und die Zusammensetzung des Teams hat sich nicht sehr verändert. Das Einzige, was sich verändert hat, ist, dass wir vor drei Jahren in ein neues Gebäude gezogen sind.«

Früher teilten sich die Teammitglieder ihr Büro mit maximal zwei Kollegen. Es gab einen Besprechungsraum und eine kleine Küche. Nach dem Umzug arbeiteten alle in einem vollklimatisierten offenen Großraumbüro, was anscheinend zu vielen Problemen geführt hatte. Die größten Frustrationsquellen waren: das laute Klingeln der Telefone, dass es unmöglich war, die Fenster zu öffnen, das Fehlen eines separaten Besprechungsraumes und die Nüchternheit des Büros. Ein Mitarbeiter bemerkte, dass ihm schon der Blick auf den Rücken seines Kollegen gegenüber auf die Nerven gehe.

Anstatt sich mit den Verärgerungen zu befassen, forderten wir sie auf, praktische Lösungen vorzuschlagen, mit denen sie ihr Arbeitsumfeld verbessern könnten. Die Klingeltöne der Telefone wurden angepasst, ein Bereich der Küche wurde für Besprechungen reserviert, und es wurden Pflanzen und Sichtschutzwände zwischen den Schreibtischen aufgestellt, um Ruhe zu schaffen. Diese kleinen Veränderungen führten zu einer beträchtlichen Verbesserung des Arbeitsumfeldes.

Die Reduktion von Stressfaktoren steigert höchstwahrscheinlich die Resilienzen der Menschen. Versuchen Sie etwas gegen solche Stressoren zu unternehmen und experimentieren Sie damit folgende Dinge zu ändern:

- Zu laute Klingeltöne
- Benachrichtigungstöne des Computers, z. B. bei neuen E-Mails
- Ablenkung durch Hintergrundmusik, Gespräche, Drucker, Kopierer usw.
- Quietschende Türen und Stühle
- Unbequeme Büromöbel
- Dürftige Büroausstattung
- Unordnung
- Andere Dinge, die Ihre Kolleginnen und Kollegen als störend empfinden

Die Gestaltung des Büros kann die Resilienz eines Teams maximieren:

- Kaffeepausen an einem ansprechenden Platz
- Gute Stühle
- Bequeme Schreibtische
- Pflanzen
- Frische Luft
- Und vieles mehr

Aktion

- Hören Sie auf, genervt zu sein, und planen Sie eine Besprechung mit Ihrem Team. Machen Sie eine Liste mit allen Ursachen für Ärgernisse (kleine und große) und überlegen Sie sich Lösungen.

- Kreieren Sie eine stressfreie Zone im Büro: eine Zone mit angenehmem Licht, ohne Telefon oder Computer, vielleicht mit einer Hängematte oder einigen gemütlichen Sesseln und Pflanzen.

Tipp

Eine einzigartige Methode, bei der Arbeit ruhig zu bleiben, ist, den Klingelton des Telefons als eine Art moderner Meditationsklingel zu betrachten. Beeilen Sie sich nicht, den Hörer abzunehmen, wenn Ihr Telefon klingelt. Unterbrechen Sie nach dem ersten Klingeln Ihre Arbeit, und atmen Sie tief durch. Hören Sie ruhig auf das Geräusch, und nehmen Sie nach dem dritten Klingeln ab.

2. Bauen Sie Kooperation auf

Ein einzelner Zweig kann brechen, aber ein ganzes Bündel ist unzerbrechlich.

Haben Sie jemals darüber nachgedacht, dass wir fast immer von anderen abhängig sind? Die Kleidung, die Sie tragen, das Frühstück auf Ihrem Tisch, die Straße, auf der Sie fahren, Ihr Auto oder der öffentliche Nahverkehr, das Gebäude, in dem Sie arbeiten – unser ganzes Leben baut auf Kooperationen auf. Kooperation ist das, was uns menschlich macht. Aber eine glatt funktionierende Kooperation ist kein Geschenk.

Unser ganzes Leben baut auf Kooperationen auf. Kooperation ist das, was uns menschlich macht.

Es ist schwer, Spannungen und Konflikte zu vermeiden, wenn man mit anderen zusammenarbeitet. Gehen Sie besser davon aus, dass Konflikte auftauchen werden, und akzeptieren Sie sie, statt sie zu fürchten.

Teamaktion

Für das Team ist es nützlich, wenn es begreift, dass Zusammenarbeit nicht immer einfach ist, aber dass wir alle die Fähigkeit haben, zusammenzuarbeiten. Dieser Teamgedanke bringt Ihre Teammitglieder dazu, Widerstände aus einem anderen Blickwinkel zu betrachten, ein größeres Verständnis für andere zu entwickeln sowie eine klarere Sicht auf die Mechanismen der Zusammenarbeit zu erhalten.

Teil 1. Erwarten Sie Widerstand.

Sammeln Sie in kleinen Gruppen zehn gute (nachvollziehbare) Gründe, warum es manchmal schwer ist, mit anderen zusammenzuarbeiten, z. B.: Mitarbeiter, Kunden, Vorgesetzte sind inkompetent, sie hören Ihnen nicht zu, sie arbeiten nicht im selben Tempo, die Qualität der Arbeit ist schlecht. Sammeln Sie alle Gruppenantworten und schreiben Sie sie auf ein Flipchart.

Teil 2. Entdecken Sie, was funktioniert.

(Inspiriert von der Arbeit von Evan George, Brief, London)

Arbeiten Sie in denselben Kleingruppen. Jedes Mitglied spricht über ein Beispiel, bei dem Zusammenarbeit schwierig war (zu Hause, mit Freunden oder bei der Arbeit), und erzählt, wie er oder sie es geschafft hat, die Zusammenarbeit zu verbessern. Hören Sie sich zuerst alle Geschichten an und arbeiten Sie dann heraus, was funktioniert hat. Erstellen Sie eine Liste mit zehn Maßnahmen, die helfen, wenn Kooperation schwierig ist. Sammeln Sie alle Anregungen der Gruppe und notieren Sie sie auf einem Flipchart.

3. Üben Sie positive Kritik

> *Schreibe Kritik in Sand und meißele Lob in Stein.*
>
> (Arabisches Sprichwort)

Viele Menschen glauben, es sei gut, anderen zu sagen, was sie falsch machen. Selbst wenn sie sich dabei nicht wohlfühlen, finden sie diese Art der Kritik wichtig. Doch es gibt gute Gründe, warum sich die meisten von uns mit dieser Direktheit unbehaglich fühlen. Schonungslose Kritik verletzt und ruft negative Gefühle hervor, die nachklingen und allmählich die Beziehung zerstören.

Schonungslose Kritik verletzt und ruft negative Gefühle hervor, die nachklingen und allmählich die Beziehung zerstören.

Das Gegenteil ist kaum besser. Sich mit Dingen, die uns stören, abzufinden, egal was passiert, ist ebenfalls nachteilig und deshalb keine Alternative. Gibt es denn eine Alternative? Wir glauben ja. Der finnische Psychiater Ben Furman hat eine nützliche

Form eines konstruktiven Feedbacks entwickelt, die sog. Wunschhand. Hier ist unsere leicht abgeänderte Version. Die folgenden Stufen können Ihnen bei der Planung einer beherzten Konversation helfen.

Tipp

1. *Einleitung: Konfrontieren Sie die Person nicht direkt mit Ihrem negativen Feedback. Bitten Sie um einen Termin, um etwas Wichtiges zu besprechen. Bedanken Sie sich, dass man sich Zeit für Sie nimmt.*

2. *Beobachten und verstehen: Beginnen Sie, falls es nötig sein sollte, indem Sie das Wesentliche des Problems beschreiben. Schildern Sie, was falsch läuft. Schauen Sie nicht auf die Ursache des Problems, aber zeigen Sie Respekt und Verständnis: »Bei Ihrem alten Arbeitgeber war es vielleicht anders«, »Ich kann verstehen, dass Sie mit dem neuen Computersystem noch nicht vertraut sind«, »Ich weiß, dass Sie viel zu tun haben«.*

3. *Wünsche: Zeigen Sie auf, welche Veränderungen Sie gerne hätten. Beschreiben Sie deutlich, welches Verhalten Sie gerne sehen würden. Dies hat viel mehr Bedeutung als die Beschreibung dessen, was Sie nicht möchten. Zu sagen, was Sie nicht möchten, ist genauso effektiv, wie jemanden mit einem Einkaufszettel zum Einkaufen zu schicken, auf dem steht, welche Dinge sie nicht haben möchten. Stellen Sie sicher, dass Sie deutlich erklären, welche Veränderung Sie sich wünschen.*

4. *Vorteil: Diskutieren Sie die Vorteile dieser Veränderung für sich, für das Team und für die Kunden. Fragen Sie die Person, welchen Nutzen sie aus der Veränderung zieht.*

5. *Nächste Schritte: Besprechen Sie, was daran hilfreich sein könnte, wenn die Person Ihren Wunsch erfüllt. Berücksichtigen Sie, was in der Vergangenheit funktioniert hat, oder diskutieren Sie, was andere tun. Gestatten Sie der Person, ihre eigenen Vorschläge zu formulieren.*

6. *Zustimmung: Vereinbaren Sie am Schluss, wie der erste Schritt zur Verbesserung aussehen kann. Drücken Sie Ihre Zufriedenheit aus und sagen Sie der Person, dass Sie zu einer Nachbesprechung bereit sind.*

4. Nehmen Sie Kritik mit Würde an

Unsere Kollegen sind nicht immer Meister der hohen Kunst der konstruktiven Kritik. Vielleicht hatten sie eine schlechte Nacht, sind durch die Arbeitsflut gestresst oder ärgern sich über sich selbst, weil sie einen Fehler gemacht haben. Vielleicht ist die Kritik nicht persönlich gemeint oder beruht auf einem Missverständnis. Was immer es ist, es gibt verschiedene Wege, mit harter Kritik umzugehen und aus ihr zu lernen.

Viele reagieren instinktiv, wenn sie kritisiert werden. Manche schlagen zurück oder weisen auf die Fehler des anderen hin. Sie verstecken sich hinter den Umständen oder geben anderen die Schuld. Andere wählen »Flucht oder Kampf« oder brechen zusammen.

Die Lösung ist, ruhig zu bleiben, gegenseitige Schuldzuweisung zu vermeiden und die Kritik in eine konstruktive Konversation umzulenken. Wieder ist es Ben Furman, der uns nützliche Schritte an die Hand gibt, auf Kritik zu antworten.

Tipp

Schritt 1: Zuhören und sich bedanken
Verhalten Sie sich nicht wie ein Feind, sondern hören Sie der kritisierenden Person gut zu. Bedanken Sie sich dafür, dass sie das vielleicht schwierige Thema anspricht. Begegnen Sie dem Feedback, das Sie bekommen, mit Wertschätzung.

Schritt 2: Zeigen Sie Verständnis für Ärger oder Enttäuschung

Schritt 3: Bitten Sie um Entschuldigung
Bitten Sie um Entschuldigung für die Unannehmlichkeiten. Konflikte sind oft eine Frage der Wahrnehmung. Sogar wenn Sie glauben, dass Sie nicht schuld sind, oder denken, dass der Kommentar ungerecht ist, könnte die andere Person einen guten Grund haben, den Konflikt zur Sprache zu bringen.

Schritt 4: Erwartungen
Hinter jeder Kritik steht eine Erwartung. Finden Sie heraus, was der

andere von Ihnen erwartet. Überlegen Sie, wie Sie ähnliche Probleme in Zukunft verhindern können.

Schritt 5: Übereinkunft

Es ist sehr wichtig, die Konversation mit einer Übereinkunft zu beenden. Beschließen Sie gemeinsam den ersten Schritt zu einer Verbesserung. Schlagen Sie vor, sich in ein paar Tagen wieder zu treffen, um den Fortschritt zu überprüfen.

5. Bieten Sie Ihre Hilfe an, wenn jemand einen Fehler macht

Loben Sie, wenn jemand etwas gut macht. Bieten Sie Ihre Hilfe an, wenn jemand etwas schlecht macht.

Ihre persönliche Resilienz bekommt einen signifikanten Aufschwung, wenn Sie Teil eines resilienten Teams sind. Sie können sich auf Ihr Team in schwierigen Zeiten verlassen und Hilfe und Unterstützung bekommen. Wenn Sie betonen, was gut läuft, wenn nötig Ihre Hilfe anbieten, können Sie zur Resilienz des gesamten Teams beitragen.

Tipp: Hilfe anbieten

- *Für jemanden, der ein Problem hat, ist es schon eine große Erleichterung, das Problem schildern zu können. Als Zuhörer sollten Sie davon Abstand nehmen, schnell Ihre eigenen Lösungen anzubieten. Es kann sein, dass sie für Sie passen, aber sie passen nicht notwendigerweise in den Kontext des anderen. Hören Sie gut zu und warten Sie ab. Fragen Sie, was Ihr Kollege bereits versucht hat, was ihm bereits in vergleichbaren Situationen geholfen hat und was wieder gut funktionieren könnte.*

- *Bieten Sie keine selbstgefälligen Vorschläge an. Nichts ist ärgerlicher, als unaufgefordert Hilfe zu bekommen.*

- *Achten Sie den Lösungsansatz des Kollegen, auch wenn Sie selbst vollkommen anders vorgehen würden.*

- *Fragen Sie, wie Sie helfen können.*

- *Stellen Sie sicher, dass der andere nicht von Ihrer Hilfe abhängig ist, sondern dass er etwas von Ihnen lernt.*

Tipp: Um Hilfe bitten

Ebenso ist es wichtig, dass Sie keine Angst haben, um Hilfe zu bitten. Vielleicht haben Sie die Tendenz, noch härter zu arbeiten, wenn Sie sich festgefahren haben. Sie versuchen, den anderen nicht zu sagen, dass Sie es nicht mehr schaffen. Damit riskieren Sie aber, noch mehr Zeit zu verlieren. Suchen Sie sich jemanden, der Sie in der Erledigung Ihrer speziellen Aufgabe beraten kann. Formulieren Sie deutlich, wie man Ihnen am besten helfen kann.

6. Das Durchstarten-und-Siegen-Syndrom

Im Harvard Business Review vom März 1998 veröffentlichten Jean François Manzoni und Jean-Louis Barsoux ihren Artikel »The-Set-Up-To-Fail Syndrome«, deutsch das Durchstarten-und-Scheitern-Syndrom. Darin diskutieren sie, wie sich negative Erwartungen bezüglich der Arbeitsergebnisse der Mitarbeiter diametral zu ihren tatsächlichen Leistungen verhalten können. Allein die Tatsache, dass Sie Fähigkeiten anzweifeln, führt dazu, dass Sie die Mitarbeiter mikromanagen. Daraus resultiert, dass Ihre Mitarbeiter ihre eigenen Fähigkeiten anzweifeln und noch mehr von Ihren Entscheidungen abhängig werden. Das wieder bestätigt ihre Mittelmäßigkeit, und Sie müssen noch mehr kontrollieren – ein Teufelskreis. Diese Dynamik nützt niemandem, und Sie nutzen das Potenzial Ihrer Mitarbeiter nicht. Die Mitarbeiter verlieren ihre Spontanität und ihre Kreativität. Sie werden immer einfallsloser und nutzen ihre Ressourcen immer weniger.

Sie können das Beste aus jemandem herausholen, indem Sie ihn ermutigen und sich auf seine Kompetenzen fokussieren.

Weil wir dies wissen, fordern wir Sie auf, ein Erfolgsteam zu bilden, in dem Sie ein »Durchstarten-und-Siegen-Syndrom« einführen. Das pure Gegenteil vom Durchstarten-und-Scheitern-Syndrom! Positive Erwartungen schaffen Selbstvertrauen,

Energie, eine »Ich schaff das«-Haltung, Initiative und Kreativität. Sie können das Beste aus jemandem herausholen, indem Sie ihn ermutigen und sich auf seine Kompetenzen fokussieren.

Tipps für Manager von Gewinner-Teams

• Streuen Sie positive Gerüchte über Kollegen und Mitarbeiter.

• Hegen Sie positive Erwartungen und reagieren Sie im Erfolgsfall enthusiastisch.

• Setzen Sie sich und Ihren Angestellten erreichbare Ziele. Stellen Sie sicher, dass jeder sein Ziel erreichen kann. Drücken Sie Ihre Erwartungen klar und deutlich aus und geben Sie Fragen nach dem eigentlichen Sinn und Zweck Raum.

• Gestehen Sie den Mitarbeitern genug Selbstständigkeit bei der Erfüllung der Aufgaben zu und bleiben Sie an den Fortschritten und Ergebnissen interessiert.

• Fragen Sie regelmäßig nach den Meinungen Ihres Teams und verwenden Sie dessen Input. Wertschätzen Sie die Beiträge.

• Diskutieren Sie, wenn etwas schief läuft, wie es beim nächsten Mal besser geht, und ziehen Sie die wichtigsten Lehren daraus, statt in Vorwürfen und Schuldzuweisungen steckenzubleiben.

• Bleiben Sie aufmerksam beteiligt.

• Üben Sie sich im Zuhören, sogar wenn Sie das Wort haben.

• Unterstützen Sie die Mitarbeiter, indem Sie ihnen nützliche Feedbacks geben oder sie auf Hilfsquellen hinweisen.

• Versichern Sie nochmals, dass es okay ist, nicht immer perfekt zu sein und dass man nur aus Fehlern lernen kann.

Was eine Führungskraft ihrem Gewinnerteam sagen sollte:

• Seien Sie stolz auf Ihre Fähigkeiten. Fokussieren Sie sich auf Ihre Stärken und nutzen Sie Ihre Talente.

• Sie dürfen ruhig Fehler machen. Keiner ist perfekt.

• Trauen Sie sich, größer und besser zu werden als ich. Wenn Sie wachsen, wachsen wir alle. Ich würde mich glücklich schätzen, an Ihrer Karriere mitzuwirken.

- *Ich weiß nicht immer alle Antworten. Ich weiß, dass Sie fähig sind, Lösungen zu finden.*

- *Seien Sie auf Ihre Fertigkeiten stolz. Verstecken Sie Ihre Erfolge nicht. Ich werde Ihre Erfolge immer mit Ihnen zusammen feiern.*

- *Sie gehören zu uns, Sie sind ein Teil von uns. Wir gehören zusammen. Trotz der Unterschiede sind wir ein Team.*

- *Überlegen Sie, was Sie tun können, wie Sie Dinge angehen können.*

7. Konfliktmediation

Die Bandbreite von Konflikten bei der Arbeit kann von unterdrückten Meinungsverschiedenheiten bis hin zu schweren Kämpfen reichen. Konflikte können zwischen Teammitgliedern auftreten, zwischen Managern, zwischen verschiedenen Abteilungen oder zwischen Managern und Angestellten. Egal warum Konflikte entstanden sind, sie verletzen immer die beteiligten Personen, das Team und das Unternehmen. Man verliert Zeit, es werden falsche Entscheidungen getroffen, Angestellte verlassen das Unternehmen oder werden krank, die Motivation sinkt, es muss Ersatz gesucht werden, und der gute Ruf der Organisation, des Managements oder des gesamten Teams wird geschädigt. Je länger der Konflikt andauert, desto schwieriger wird es, ihn zu lösen. Deswegen ist es nötig, mit Vorsicht, aber auch mit Schnelligkeit und Autorität zu handeln. Konflikte können nicht ignoriert werden. Wie können Sie sich als interner Mediator verhalten?

Seien Sie multi-loyal. Zeigen Sie für die Positionen beider Parteien Verständnis und nehmen Sie die Seite der Lösung ein.

1. Gewinnen Sie das Vertrauen beider Parteien. Agieren Sie nur dann als Mediator, wenn beide Seiten Hilfe möchten.

2. Seien Sie multi-loyal. Zeigen Sie für die Positionen beider Parteien Verständnis und nehmen Sie die Seite der Lösung ein.

3. Vermeiden Sie gegenseitige Anschuldigungen. Fokussieren Sie sich auf das, was die Situation verbessert, anstatt auf das, was falsch läuft.

Behalten Sie die Interessen der Firma im Hinterkopf. Es geht nicht darum, dass die Konfliktparteien beste Freunde werden. Sorgen Sie dafür, dass sich die Parteien wieder professionell verhalten und dass die Firma nicht länger geschädigt wird.

Schritte zu einer konstruktiven Mediation

(Durch die Arbeit Lilo Schmidts inspiriert)

1. Einleitung

Danken Sie beiden Parteien für ihr Kommen. Betonen Sie ausdrücklich, dass dies ein erster Schritt in Richtung einer Lösung ist, aber möglicherweise noch nicht die ganze Lösung beinhaltet. Garantieren Sie den Teilnehmern, dass Sie alles Ihnen Mögliche tun werden, um zu helfen. Wertschätzen Sie das Vertrauen der Parteien in diesen ersten Schritt.

Klären Sie Ihre Rolle. Stellen Sie deutlich klar, dass Sie selbst keine eigene Meinung äußern oder Vorschläge abgeben werden. Die Intention ist, Möglichkeiten zu diskutieren, die für beide Parteien hilfreich sind. Vereinbaren Sie Spielregeln für eine gute Diskussion.

2. Geschichte

Person A beginnt mit einer kurzen Darstellung des Problems. Dann ist Person B an der Reihe. Fragen Sie, wer beginnen möchte. Halten Sie die Ausführungen knapp, verzichten Sie auf Details. Nur die Hauptpunkte sind wichtig, damit Sie einen Überblick über die Positionen beider Parteien erhalten.

3. Wünsche

Bitten Sie Person A, sich vorzustellen, dass alle Probleme gelöst sind und dass beide Parteien wieder gut zusammenarbeiten. Was wäre anders? Fragen Sie zu diesem Zeitpunkt noch nicht, wie man dies erreichen könnte oder was Person A von Person B erwartet.

4. **Skalieren**

   Fragen Sie Person A, wo sie die Parteien im Moment auf einer Skala von 1 bis 10 sieht, wobei 10 für die Erfüllung des beschriebenen Wunsches nach einer Lösung steht und 1 für das Gegenteil. Fragen Sie, warum sich die Parteien nach Meinung von A auf diesem Level und nicht auf einem tieferen Level befinden.

5. Wiederholen Sie die Schritte 3 und 4 mit Person B.

6. Bitten Sie beide Personen, sich im Stillen drei Möglichkeiten zu überlegen, wie sie auf der Skala eine Stufe weiter nach oben kommen könnten.

7. Lassen Sie die Teilnehmer ihre Vorschläge vorstellen. Dann sucht sich jeder einen Lösungsvorschlag des anderen aus.

8. **Übereinstimmung und Verabredung**

   Bitten Sie beide Parteien, den Vorschlag des anderen als ein Experiment zu betrachten. Fordern Sie sie auf, auf alle möglichen Zeichen einer Veränderung zu achten, die auf eine Bewegung in die richtige Richtung hinweisen könnten. Fragen Sie auch, ob es nötig ist, ein weiteres Treffen zu vereinbaren.

8. Nutzen Sie Ihren Humor

> *Wenn man Ihnen erzählt, dass eine andere Person schlecht über Sie spricht, sollten Sie keine Entschuldigungen für Ihre Fehler finden, sondern stattdessen antworten: »Er kennt meine anderen Fehler nicht, sonst hätte er nicht nur diese bemerkt.«*
>
> (Epictetus, Enchiridion)

Eine unhöfliche Bemerkung, ein Streit zwischen Kollegen, eine unangekündigte Veränderung, wie leicht kann man aus einer Mücke einen Elefanten machen. Immer wenn etwas Beunruhigendes geschieht, liegt es an Ihnen, es aufzubauschen oder klein zu halten. Dramatisieren Sie, oder sind Sie der beständige Fels in der Brandung für Ihre Kollegen und Ihr Team?

Vor einigen Jahren saßen wir zusammen im Flugzeug. Es war ein kalter Herbsttag. Gerade als wir über Land flogen, kam die Maschine in Turbulenzen. Einige Passagiere bekamen Angst, auch wir beide wurden etwas blass um die Nase, bis eine Gruppe Jugendlicher im hinteren Teil des Flugzeuges anfing, bei jedem Stoß »olé« zu singen. Alle Passagiere lachten, und die Anspannung war auf einmal verschwunden. Lachen löst gesunde physikalische Veränderungen im Körper aus. Es gibt uns Energie, verringert Schmerzen und baut unser Immunsystem auf. Gemeinsames Lachen steigert Glücksgefühle und Bindungen zwischen Personen. Humor hilft auch, die Perspektive zu ändern. Er erlaubt uns, die Situation in einem anderen Licht zu sehen, fokussiert zu bleiben und kreative Ideen zu finden.

Gemeinsames Lachen steigert Glücksgefühle und Bindungen zwischen Personen.

Nehmen Sie beispielsweise das Experiment, das Ben Furman in seinem hervorragenden Buch »The Twin Star« zitiert. Zwei Gruppen sollten ein kompliziertes Puzzle lösen. Bevor sie begannen, schaute sich die erste Gruppe ein Video über effektive Fehlersuche an. Die zweite Gruppe sah ein Comedy-Video. Es stellte sich heraus, dass die zweite Gruppe sehr viel schneller das Puzzle gelöst hatte. Denken Sie also daran, vor der nächsten schwierigen Besprechung erst einmal eine Runde Witze zu erzählen!

Witze zu machen, hilft uns, etwas Abstand zum Geschehen zu bekommen. In den Worten von Mark Twain: »Humor ist eine großartige Sache, ein Rettungsring. In dem Moment, wo Humor hochkommt, verschwindet jeglicher Ärger und Groll. Stattdessen kommt Sonne in den Raum.«

Ein paar Tipps

- *Lachen Sie auch, wenn Sie allein sind.*
- *Nehmen Sie sich selbst nicht allzu ernst, und machen Sie sich über Ihre menschlichen Fehler lustig. Übertreiben Sie ruhig in den Augen der Kollegen und gehen Sie humorvoll mit Ihren Schwächen um.*
- *Lachen Sie über Ihre Fehler. Wenn Sie über sie lachen, haben sie nicht*

so einen starken negativen Effekt. Bedenken Sie, dass solche Dinge im Leben jedem einmal passieren. Die anderen werden Sie mehr respektieren, wenn Sie nicht perfekt sein wollen.

● *Zeigen Sie den Kollegen, wie man mit Humor schwierigen Situationen begegnen kann.*

Humor ist eine subtile Kunst. Bedenken Sie, dass Humor nur lustig ist, wenn jemand auch darüber lachen kann. Tadeln Sie niemanden für seine Humorlosigkeit. Wenn etwas für jemanden beleidigend ist, sind Ihre Kommentare nicht angebracht. Nutzen Sie Ihren Humor, um andere gut dastehen zu lassen.

9. Holen Sie das Beste aus Ihrem Team heraus

So, wie ein Athlet durch regelmäßiges Training und Wettbewerbe in Topform bleibt, bleibt das Team fokussiert und in Alarmbereitschaft, wenn es ständig herausgefordert wird. Ein Team lernt am meisten, wenn seine Mitglieder die Möglichkeit haben, stetig und über einen längeren Zeitraum zusammenzuarbeiten, gelegentlich neue Herausforderungen zu bewältigen und neue Ziele zu finden. Somit werden Problemlösungskompetenzen entwickelt und geübt. Mit der Entwicklung des Teams werden die sich ergänzenden Fähigkeiten der Teammitglieder und ihre Positionen deutlicher. Eine effektive Teamroutine entwickelt sich, und das Team kann seine Aufgaben erfolgreich lösen. Nach einiger Zeit kann es zu Verschleißerscheinungen kommen. Mitarbeiter langweilt die Routine, und sie stagnieren. Das ist der perfekte Zeitpunkt, um dem Team neue Impulse zu bieten und sie herauszufordern, neue Fähigkeiten zu entwickeln.

> *So, wie ein Athlet durch regelmäßiges Training und Wettbewerbe in Topform bleibt, bleibt das Team fokussiert und in Alarmbereitschaft, wenn es ständig herausgefordert wird.*

Tipps

- *Versetzen Sie die Mitarbeiter physisch; ein neuer Arbeitsplatz kann überraschend neue Dynamik freisetzen.*

- *Bilden Sie neue Partnerschaften zwischen Teammitgliedern, mischen Sie die Zusammensetzung des Teams neu.*

- *Laden Sie einen Gastredner oder eine Gastrednerin ein und überlegen Sie gemeinsam, welche seiner oder ihrer Ideen Sie in Ihrem Team umsetzen möchten.*

- *Führen Sie neue Ideen und Methoden durch Training oder Lesen ein.*

- *Setzen Sie einige attraktive Entwicklungsziele und ermutigen Sie Ihr Team, über seine Fortschritte zu berichten.*

- *Organisieren Sie Sitzungen zur Teamentwicklung.*

- *Halten Sie in regelmäßigen Intervallen kollegiale Fallbesprechungen ab. Verwenden Sie nicht die gesamte Zeit für laufende Aufgaben und Projekte. Tauschen Sie stattdessen Meinungen über aktuelle Themen aus, und versuchen Sie gemeinsam, Lösungen für spezifische Probleme zu finden (siehe O.A.S.I.S.).*

- *Ermutigen Sie Ihr Team, durch die Stufen des lösungsfokussierten C.O.M.P.A.S.S. zu lernen und zu wachsen.*

10. Motivierende Zitate

Motivierende Zitate bieten eine ausgezeichnete und inspirierende Möglichkeit für ein sinnvolles Gespräch unter den Teammitgliedern. Bitten Sie Ihr Team, seine Lieblingszitate zu sammeln und heften Sie sie an die Wände Ihres Büros oder der Cafeteria. Bei einem unserer Klienten haben wir sogar inspirierende Gedanken auf der Toilette gefunden. Sie könnten einander auch zu Beginn der Woche erzählen, wie zutreffend das Zitat für den Einzelnen und seinen Arbeitsplatz ist: Was bedeutet das Zitat, und was haben Sie bereits diesbezüglich erfahren? Was können Sie diese Woche tun, um das Zitat noch zutreffender zu machen?

Wir haben bereits einige Zitate gesammelt, mit denen Sie starten können:

- Sei unangemessen detailgenau im Beobachten dessen, was in deinem Leben funktioniert, und unangemessen anspruchsvoll in Bezug auf die Zukunft. (Alan Kay)
- Denken braucht Zeit, Entscheidungen brauchen Mut. (Bernhard Schlink)
- Sage über niemanden Schlechtes, aber sprich Gutes über jedermann. (Benjamin Franklin)
- Lehren hilft viel, aber Aufmuntern hilft mehr. (Johann Wolfgang von Goethe)
- Ein ermutigter Mensch erreicht am meisten, ein beherrschter Mensch erreicht vieles, ein vernachlässigter Mensch erreicht am wenigsten. (Anonymus)
- Behandelst du den Menschen, wie er ist, wird er bleiben, wie er ist. Aber behandelst du ihn so, wie er sein könnte, wird er werden, wie er sein könnte. (Anonymus)
- Stell dir vor, jeder Mensch trägt ein Schild bei sich: »Behandele mich so, dass ich mich wichtig fühle!« Du wirst nicht nur erfolgreich im Verkaufen sein, sondern auch im Leben. (Mary Kay Ash)
- Sich sorgen, heißt, in die falsche Richtung fantasieren. (Anonymus)
- Das größte Geschenk, das du jemandem machen kannst, ist nicht, deine Reichtümer mit ihm zu teilen, sondern ihm seine zu zeigen. (Benjamin Disraeli)
- Mut ist Widerstand gegen Furcht und Herrschaft über Furcht, nicht Mangel an Furcht. (Mark Twain)
- Es gibt nur eine wahre Tugend: Enthusiasmus. (Paul Claudel)
- Gieße die Blumen, nicht das Unkraut. (Fletcher Peacock)
- Es gibt immer mehr Lösungen als Probleme. (Joe Eagan)

- Nichts ist unmöglich, solange du es noch nicht versucht hast. (Jean Monnet)
- Nur die, die sich trauen, außerordentlich zu scheitern, können etwas Außerordentliches bewirken. (Robert Kennedy)
- Erfolg ist nicht endgültig, Misserfolg ist nicht verheerend: Was zählt, ist der Mut weiterzumachen. (Sir Winston Churchill)
- Unsere größte Ehre ist nicht, niemals zu scheitern, sondern jedes Mal, wenn wir fallen, wieder aufzustehen. (Konfuzius)
- Wenn du verlierst, verliere nicht, was du daraus lernst. (Dalai Lama)
- Erst wenn du aufgibst, bist du ein Verlierer. (Mike Ditka)
- Erfahrung ist nicht das, was einem zustößt. Erfahrung ist das, was man aus dem macht, was einem zustößt. (Aldous Huxley)
- Niederlage ist möglicherweise ein Sieg in Verkleidung. (Henry Wadsworth Longfellow)
- Manchmal gewinnst du sogar, wenn du verlierst. (Elie Wiesel)
- Ich bin nicht gescheitert. Ich habe nur 10000 Wege gefunden, die nicht funktionieren. (Thomas Edison)
- Ich habe in meiner Karriere mehr als 9000 Mal danebengeworfen. Ich habe ungefähr 300 Spiele verloren. Ich sollte 26 Mal den das Spiel entscheidenden Korb werfen und habe nicht getroffen. Immer und immer wieder bin ich in meinem Leben gescheitert. Das ist der Grund, weshalb ich so erfolgreich bin. (Michael Jordan)
- Gewinner verlieren viel öfter als Verlierer. Wenn du ständig verlierst, aber es immer wieder versuchst: Halte durch! Du bist auf dem rechten Weg. (Matthew Keith Groves)
- Not bringt Talente hervor, die in blühenden Zeiten weitergeschlummert hätten. (Horaz)
- Manchmal starren wir so lange auf eine sich schließende Tür, dass wir die offene Tür zu spät erkennen. (Alexander Graham Bell)

Wie stärken Sie Ihre persönlichen Resilienzen und die Ihres Teams?

1. Nehmen Sie wahr, was ist, und nehmen Sie es an.

2. Geben Sie dem, was geschieht, Sinn und Bedeutung.

3. Seien Sie freundlich und wertschätzen Sie sich und anderen.

4. Bleiben Sie in Bewegung, gehen Sie einen ersten Schritt in Richtung Verbesserung.

Index

Achtsamkeit   12, 25, 31–32, 36, 53
Atem   35, 53, 56
Aufräumtag   60, 63

Barsoux   124
Berg   20–21, 104

Coaching   12, 21, 60, 67
C.O.M.P.A.S.S   94, 96, 131

Dierolf   12, 14, 22

Emotionen   25, 35–36, 41, 71–72,
   104–105
Energie   11, 17, 26, 33–34, 41, 46, 51–53,
   62–63, 65–66, 91, 96, 125, 129
Erfolg   21, 38, 41, 53, 86, 97, 103, 113,
   133

Freude   18, 26–28, 32, 36, 38, 47, 51, 62,
   66, 107–108
Freundschaft   52
Furman   22, 121–122, 129

Gedanken   18, 27, 31–32, 36–38, 40, 42,
   43, 53, 56, 72, 83, 88, 91, 105, 131

Humor   53, 76, 117, 128–129, 130

Interaktion   75
Isebaert   9, 11, 22, 49, 73

Körper   27, 32, 35–37, 51–52, 60, 68–69,
   104–105, 129
Lösungsfokussierter Ansatz   20

Manzoni   124

Nein   51–52, 84
Notfallkoffer   60, 71

O.A.S.I.S.   94, 99–102, 131
Ofman   109
Optimismus   16, 53, 57

Respekt   21, 51–52, 57, 109, 121
Rollen   21, 51–52, 57, 86, 95, 109, 121

Schlaf   33, 43, 67
Seligman   57
Shazer   20–21, 47, 89
Skala   29, 45–46, 96–97
Skalieren   128
Stress   11, 15, 56

Talente   20, 50, 54–55, 58, 81, 86, 111,
   125, 133
Tipp   27, 31, 33, 40, 71, 119, 121–124

Übung   9, 12–14, 18, 37–38, 53

Vereinfachen   60–61

Zuhören   80, 122, 125

Literaturhinweise

Über Resilienz

Ben-Shahar, Tal, *Glücklicher: Lebensfreude, Vergnügen und Sinn finden mit dem populärsten Dozenten der Harvard University*, Goldmann 2010.

Canfield, Jack & Switzer, Janet, *Kompass für die Seele: So bringen Sie Erfolg in Ihr Leben: 60 zeitlose Lebensgesetze*, Goldmann, 2005.

Csikszentmihalyi, Mihaly, *Flow, Das Geheimnis des Glücks*, Klett-Cotta, 2007.

Dalai Lama, *The Art of Happiness, A Handbook for Living*, Mobius, 1999.

Frankl, Viktor E., *Man's Search For Meaning*, Rider, 2004.

Kabat-Zinn, Jon, *Wherever You Go, There You Are: Mindfulness Meditation for Everyday Life*, Pikatus Books, 2004.

Byron, Katie & Mitchell, Stephen, *Lieben was ist. Wie vier Fragen Ihr Leben verändern können*, Goldmann 2002.

Leonard, Thomas J., *The Portable Coach*, Simon & Schuster, 1999.

Manzoni, J.-F. & Barsoux, J.-L., *The Set-Up-To-Fail Syndrome*, Harvard Business Review, March 1998.

Ofman, Daniel D., *Core Qualities. A Gateway to Human Resources*, Cyan Communications, 2004.

Pulley, Mary Lynn & Wakefield, Michael, *Building Resiliency: How to thrive in Times of Change*, Center for Creative Leadership, 2001.

Richardson, Cheryl, *It's your life!: Nehmen Sie sich Zeit für das Leben, das Sie wirklich wollen*, Moderne Verlagsges. MVG 2007.

Rosenberg, Marshall, *Gewaltfreie Kommunikation: Eine Sprache des Lebens*, Junfermann 2012.

Servan-Schreiber, David, *Die Neue Medizin der Emotionen: Stress, Angst, Depression: Gesund werden ohne Medikamente*, Goldmann Verlag 2006.

Seligman, Martin, *Pessimisten küsst man nicht: Optimismus kann man lernen*, Droemer Knaur 2001.

Siebert, Al, *The Resiliency Advantage. Master Change, Thrive Under Pressure, and Bounce Back from Setbacks*, Berrett-Koehler, 2005.

Thich Nhat Hanh, *Ärger: Befreiung aus dem Teufelskreis destruktiver Emotionen*, TB 2007.

Tolle, Eckhardt, *Jetzt! Die Kraft der Gegenwart*, Kamphausen 2010.

Wheatley, Margaret, J., *Bringing Life to Organizational Change*, Journal for Strategic Performance Measurement, April/May, 1998.

Über den lösungsfokussierten Ansatz

Bannink, Fredrike, *Handbook of Solution-Focused Conflict Management,* Hogrefe, 2010.

Berg, Insoo Kim & De Jong, Peter, *Lösungen (er)finden: Das Werkstattbuch der lösungsorientierten Kurztherapie,* Verlag Modernes Lernen 2008.

Berg, Insoo Kim & Dolan Yvonne, *Tales of Solutions: A Collecting of Hope-Inspiring Stories,* Norton, 2001.

Berg, Insoo Kim & Szabo Peter, *Kurz(zeit)coaching mit Langzeitwirkung,* Verlag Modernes Lernen 2009.

Cauffman, Louis & Dierolf, Kirsten, *Lösungstango. 7 verführerische Schritte zum erfolgreichen Management,* Carl Auer 2007.

Furman, Ben & Ahola, Tapani, *Change Through Cooperation, The Art of Motivating People to Change What They Want to Change,* www.reteaming.com

Furman, Ben & Ahola, Tapani, *Twin Star – Lösungen vom anderen Stern. Teamentwicklungen für mehr Erfolg und Zufriedenheit am Arbeitsplatz,* Carl Auer 2010.

Isebaert, Luc, *Praktijkboek Oplossingsgerichte cognitieve therapie,* De Tijdstroom, 2007.

Jackson, Paul Z. & McKergow, Mark, *The Solution Focus. Making Coaching and Change S.I.M.P.L.E.,* Nicholas Brealey, 2006.

Meier, Daniel, *Team Coaching with the Solution Circle. A Practical Guide to Solution Focused Team Development,* SolutionsBooks 2005.

Norman, Harry, *Solution Focused Reflecting Teams* in: O'Connell, W. & Palmer, S. (eds.) *Handbook of Solution-focused Therapy,* 2003.

O'Hanlon, Bill, *Probiers mal anders! Zehn Strategien, die Ihr Leben verändern,* Carl Auer 2007.

Röhrig, Peter, (Hrsg.), *Solution Tools. Die 60 besten sofort einsetzbaren Workshop-Interventionen mit dem Solution-Focus,* managerSeminare Verlag 2010.

Websites

Noch mehr Informationen über den lösungsfokussierten Ansatz finden Sie auf den folgenden Webseiten:

www.ilfaro.be
www.solworld.org
www.asfct.org
www.solutionsacademy.de

Über die Autoren

Ilfaro (www.ilfaro.be) wurde von Liselotte Baeijaert und Anton Stellamans gegründet und ist auf Talententwicklung, Coaching und Training von Teams und Führungskräften spezialisiert. Dank des lösungsfokussierten Ansatzes gelingt es Ilfaro, erfolgreich und effizient Veränderungsprozesse zu begleiten. Ilfaro ist aktives Mitglied im internationalen Netzwerk der lösungsorientierten Trainer (www.solworld.org) und gehörte zu den Organisatoren der jährlichen SOL-Konferenz in Brügge 2007. Die Coaches/Trainer arbeiten für Organisationen im Profit- und Non-Profit-Bereich in Belgien und Übersee.

Liselotte Baeijaert (1963) hat Sprachwissenschaften und Theaterwissenschaften an der KU Leuven studiert. Sie hat zwei Jahre Englisch an der Feng Chia Universität in Taiwan unterrichtet. Danach arbeitete sie zehn Jahre in verschiedenen belgischen Organisationen als Kommunikations- und Management-Trainer und als interner Karriere-Mentor. 1999 begann sie als unabhängige HRD-Beraterin. Sie bildete sich als Gestaltcoach, Beraterin und NLP-Practitioner weiter und hat einen Mastertitel in »Lösungsorientiertem Coaching und Management und Hypnotherapie nach Erickson« (Korzybski und Saxion/Fontys Colleges, Amsterdam).

Anton Stellamans (1973) ist Coach, Trainer und Therapeut. Nach dem Studium der Philosophie und Geschichte absolvierte er die Ausbildung in Lösungsorientierter Kurztherapie am Korzybski Institut in Brügge. Am Zentrum für Friedensforschung an der KU Leuven leitete er Untersuchungen zu »peacebuilding leadership« und wandte die lösungsfokussierte Methodik auf Konflikttransformationen an. Er ist Vorstandsmitglied der SOLWorld und Mitherausgeber von InterAction, dem Journal für lösungsfokussiertes Arbeiten in Organisationen.

Stimmen zum Buch

»Es gibt keine Rezepte! Es leben die guten Kochbücher! Dieses Buch enthält die wertvollsten Zutaten für Widerstandskräfte im Leben und den gelungenen Umgang mit Herausforderungen in Teams.«

Wilfried Weber, systemischer Berater

»Einfallsreich und hilfreich. Ein praktischer Wegbegleiter für alle, die ihre Widerstandskraft stärken und Zuversicht gewinnen wollen. Und ein unterstützendes Buch, um in beruflichen Change-Prozessen die Balance nicht nur zu finden – sondern auch zu halten.«

Barbara Steiner, STEINER B., Change Coaching, Ressourcenentwicklung, Bern

»WOW!«, hätte Insoo Kim Berg mit Sicherheit gesagt, wenn sie das lösungs- und damit resilienzfokussierte Werkstattbuch gelesen hätte. Das übersichtlich gestaltete Buch liefert in jeder Hinsicht einen reichen Fundus an Ideen, Angeboten, Übungsmöglichkeiten und freundlichen Einladungen, die eigene Wirklichkeit hinsichtlich guten Gelingens zu gestalten. Sehr empfehlen kann ich das Buch allen Personen, die neugierig darauf sind, wie sich das eigene Leben und der berufliche Alltag im guten Miteinander gestalten lassen.

Monika Bohn, Institut Profund Solution Coaching, Oberursel

»Auch in deutschen Firmen, die sich in der internationalen Konkurrenz behaupten wollen, wird heute nahezu Übermenschliches verlangt. Unter diesem Druck nicht zu brechen, ist eine Notwendigkeit geworden. Für jedes erfolgreiche Unternehmen. Und erst recht für jeden, der trotz allem ein lebenswertes Leben führen will. Liselotte Baeijaert und Anton Stellamans zeigen einfache und wirkungsvolle Wege auf, diesem Ziel näher zu kommen.«

Monika Houck, CEO Lufthansa Systems Hungaria Kft und SF Coach

Ebenfalls
erschienen:

Kirsten Dierolf

Lösungsfokussiertes Teamcoaching

Mit Vorworten von
Matthias Varga von Kibéd
und Daniel Meier

ISBN: 978-3-944293-00-4
208 S., Paperback, € 24,95